国家自然科学基金项目" 面向智能制造服务的智慧供应链自适应质量控制策略研究（72461025）"

江西省" 双千计划"哲学社会科学领军人才项目" 智慧供应链质量管理（jxsq2019203008）"

江西省井冈学者奖励计划

江西省社会科学基金项目" 公共卫生突发事件中我省民营经济抵御供应链中断风险的方式与对策研究（20MJ01）"

江西省高校人文社会科学研究项目" 智慧供应链质量监控的可视化方法研究（GL23119）"

智慧应急物流管理

冯良清　陈倩　吴昕颖　等 著

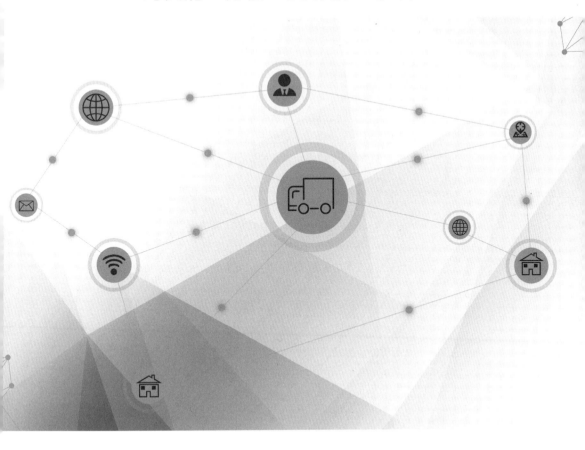

中国财经出版传媒集团

经济科学出版社
Economic Science Press

北京

图书在版编目（CIP）数据

智慧应急物流管理／冯良清等著 . - - 北京 ： 经济
科学出版社，2024. 12. - - ISBN 978 - 7 - 5218 - 6527 - 1

Ⅰ. F252. 1 - 39

中国国家版本馆 CIP 数据核字第 2024JZ8576 号

责任编辑：李　雪　高　波
责任校对：靳玉环
责任印制：邱　天

智慧应急物流管理
ZHIHUI YINGJI WULIU GUANLI

冯良清　陈倩　吴昕颖　等著
经济科学出版社出版、发行　新华书店经销
社址：北京市海淀区阜成路甲 28 号　邮编：100142
总编部电话：010 - 88191217　发行部电话：010 - 88191522
网址：www. esp. com. cn
电子邮箱：esp@ esp. com. cn
天猫网店：经济科学出版社旗舰店
网址：http：//jjkxcbs. tmall. com
固安华明印业有限公司印装
710 × 1000　16 开　17. 5 印张　203000 字
2024 年 12 月第 1 版　2024 年 12 月第 1 次印刷
ISBN 978 - 7 - 5218 - 6527 - 1　定价：90. 00 元

前　　言

　　智慧应急物流管理是现代物流管理的一项重要创新，旨在通过信息化和智能化手段，提升应急物资的管理、调度和运输效率，以应对各种突发事件的挑战。在全球气候变化、疫情暴发和自然灾害频发等背景下，传统物流模式难以满足应急管理对高效响应的需求，智慧应急物流的提出顺应了时代发展的必然趋势。近年来，大数据、人工智能、物联网、区块链等数字技术的快速发展，为智慧应急物流管理提供了有力的技术支持，推动了物流行业的智能化转型。

　　中国在智慧应急物流管理领域的研究也取得了显著进展，特别是在2020年新冠疫情期间，智慧应急物流的高效运作保障了物资的及时供应，体现了其应急管理的关键作用。国家出台了一系列政策文件，推动物流系统的数字化和智能化升级，促进了智慧物流与应急管理的深度融合。这不仅为当前应对突发公共卫生事件提供了经验，也为未来的应急管理奠定了基础。

本书围绕智慧应急物流管理的核心问题，结合当前物流企业智慧化发展的背景，提出了"智慧塔"模式，并探讨了其在突发公共卫生事件中的应用。通过构建智慧化运行模式，本书为提升物流企业的智慧化水平提供了理论支持，同时系统研究了应急智慧供应链的质量保障机制。本书采用结构方程模型与贝叶斯网络相结合的方法，探讨了应急智慧供应链的质量影响因素，并提出了优化应急供应链质量管理的创新策略，具有重要的理论和实践意义。

全书共分为7章。第1章介绍了研究背景与意义，系统梳理了智慧物流、应急物流、应急供应链、智慧供应链等相关理论，提出了研究框架和技术路线；第2章探讨了智慧物流的发展背景及趋势，分析了物流作业智能化、资源共享化和服务智慧化的趋势；第3章阐述了应急物流管理理论及发展，结合综合应急管理理论与危机管理理论，分析了应急物流管理的理论基础和体系构建；第4章针对智慧应急物流模式进行设计，介绍了"智慧塔"模式的结构及其关键技术与功能；第5章构建了物流企业智慧化水平的评价指标体系，并进行了实证分析；第6章通过结构方程模型与贝叶斯网络方法，分析了应急智慧供应链质量影响因素；第7章设计了应急智慧供应链质量保障机制，利用区块链技术和智能合约实现应急物流网络的协同与优化。

　　本书汇集了作者及其团队在智慧物流、供应链管理和应急管理领域的多年研究成果。冯良清教授统筹全书，负责总体规划并与团队成员共同撰写了全书各章节内容。翟翠红参与了第 1 章的撰写及全书的校对，陈倩、许琴烨参与第 2、第 4、第 5 章内容的撰写；吴昕颖、翟翠红参与了第 3、第 6、第 7 章的撰写。本书是基于国家自然科学基金项目"面向智能制造服务的智慧供应链自适应质量控制策略研究（72461025）"、江西省"双千计划"哲学社会科学领军人才项目"智慧供应链质量管理（jxsq2019203008）"、江西省井冈学者奖励计划、江西省社会科学基金项目"公共卫生突发事件中我省民营经济抵御供应链中断风险的方式与对策研究（20MJ01）"以及江西省高校人文社会科学研究项目"智慧供应链质量监控的可视化方法研究（GL23119）"的阶段性研究成果编撰而成。感谢经济科学出版社对本书的撰写和出版所给予的支持。

　　智慧应急物流管理的研究尚处于探索阶段，书中难免存在不足之处，恳请读者批评指正。

作　者
2024 年 10 月于南昌航空大学

目　　录

第 1 章

绪　　论

1.1　研究背景及意义

1.1.1　研究背景

随着风险的不断演变和加剧，社会面临各种危机挑战和极端压力的可能性日益增加。习近平总书记指出，应急管理是国家治理体系和治理能力的重要组成部分，要积极推进我国应急管理体系和能力现代化①。在全球公共卫生事件频发的背景下，我国亟需增强应急响应能力，以减轻事件对国家和人民造成的影响。因

---

① 习近平. 全面提高依法防控依法治理能力，健全国家公共卫生应急管理体系 [J]. 实践（党的教育版），2020（03）：4-6.

此，建立应急保障协同体系、积极引导社会力量参与应急管理，并持续完善应急预案，变得尤为关键和紧迫（姜长云和姜惠宸，2020）。物流业作为连接生产、分配、交换和消费的关键环节，在现代经济体系中对国家和社会的发展具有深远影响。然而，传统物流企业普遍存在信息不透明、运输效率低下、成本高昂和缺乏灵活性等问题，难以有效应对突发公共卫生事件带来的动态社会需求，因此，提升物流业的智慧化水平成为其满足社会发展需求的重要支撑。一方面，智慧化水平的提升对推动社会经济发展具有重要意义。作为第三产业的重要组成部分，物流业也是第一产业和第二产业货物流通的关键支撑。根据国家发展和改革委员会的社会物流统计数据，我国社会物流总额从 1991 年的 3 万亿元增长到 2023 年的 352.4 万亿元，市场规模迅速扩大。提升物流企业的智慧化水平，不仅能够优化产业结构，还将推动国民经济的可持续发展。另一方面，物流业的智慧化水平提升在应对突发公共卫生事件中发挥了至关重要的作用。提升智慧化水平能够有效提高物流业在突发事件中的响应速度、效率和准确性，降低感染风险，保障公共卫生安全，为人民的健康和社会稳定提供有力支持。

随着网络技术的不断进步，智慧物流逐渐演变为智慧供应链。2018 年 4 月，国务院公布了《关于开展供应链创新与应用试点的通知》，这一标志性事件旨在通过智能硬件、物联网、大数据等数字技术手段，加速物流、资金流和信息流在供应链中的融合，推动供应链向集成化、智能化、自动化和相互关联的智慧升级。2023 年 10 月 19 日，中国物流与采购联合会发布的《产业链供应链数字经济发展报告 2023》指出，我国产业链供应链数字化转型正在加速推进，技术创新与场景开发为数字化应用效果的快速释放提供了有力支持。在智能制造、智慧农业和新零售等行业的引领下，智慧供应链的应用领域不断扩展，创新模式层出不穷，推动了各行业的变革。此外，智慧供应链与应急管理的融合催生了应急智慧供应链，这对于突发公共卫生事件的高效应对至关重要，发展高效供给、多方协同、信息共享和快速决策的应急智慧供应链势在必行。

为贯彻落实党的二十大精神和《质量强国建设纲要》的部署要求，提升产业链供应链的韧性和安全水平，加快传统产业转型升级，推进现代化产业体系建设，国务院于 2024 年 1 月 10 日发布了《关于质量基础设施助力产业链供应链质量联动提升的指导意见》，明确提出，坚持质量优先、效益至上的原则，切实增强质量意识，重点聚焦产业链供应链的重大质量瓶颈问题，强化质量支撑与标准引领，推动质量强国建设，为推进中国式现代化奠定坚实的质量基础。

智慧应急物流管理是一个综合性概念，其核心目标是在紧急情况下，通过高效的信息流与物流操作，确保应急物资和服务的迅速、准确和高效配送，最大限度减少灾害影响，保障人民生命财产安全。因此，智慧应急物流管理不仅要求物流企业提升智慧化水平，还需构建高质量的应急供应链体系，这两者相辅相成，共同构成了智慧应急物流管理的整体框架。

1.1.2 研究意义

（1）理论价值。

①智慧物流是物流业持续发展过程中形成的创新阶段，体现了相较于传统物流更高层次的发展水平，也是我国物流业发展的重要组成部分。目前，智慧物流发展的理论体系尚不完善，尤其在物流企业智慧化运行模式的研究方面存在不足。本书在智慧物流发展的背景下，设计了适用于物流企业的智慧化运行模式——"智慧塔"，并提出了应对突发公共卫生事件的"智慧塔"应急物流特殊模式。该研究为智慧物流理论的拓展与补充提供了有益的探索，具有一定的理论价值。

②尽管少数学者开始关注物流企业智慧化发展问题，并进行了初步研究，但针对物流企业智慧化水平的研究仍较为匮乏。本书在前人研究成果的基础上，围绕"智慧塔"模式下的物流企业智慧化水平进行了深入研究，构建了物流企业智慧化水平的评价指标体系，并开展了实证分析，为我国物流企业的智慧化发展提供了理论支持。

③针对智慧应急物流管理中的物资配置问题，本书提出了应急智慧供应链的概念，梳理了影响应急智慧供应链质量的关键因素，并构建了相应的理论模型。通过结构方程模型与贝叶斯网络相结合的方法对其进行验证，并识别出影响供应链质量的关键因素，进而设计了应急智慧供应链的质量保障机制。这不仅丰富了智慧应急物流管理的研究内容，还进一步推动了供应链质量管理

理论的完善和发展。

（2）实践价值。

①完善突发公共卫生事件的应急管理机制，确立协调有序、责任明确、流程畅通、反馈及时的应急流程，制定更加高效的应对措施，以提升突发公共卫生事件的应急管理能力，减少灾害带来的损失，积极保障社会的稳定与有序发展。

②通过设计合理有效的质量保障机制，实现智慧供应链成员及整体系统质量和效益的提升。此研究能够为企业提高供应链管理水平提供参考建议，并为应急智慧供应链的未来发展方向提供指导，以不断适应社会进步的需求。

③构建合理的评价指标体系是全面掌握物流企业智慧化水平的重要手段。通过该评价体系的评估，所得结果可以为物流企业的智慧化发展与管理提供参考对策，帮助企业提高市场竞争力。本书以部分物流企业为实证对象，对其智慧化水平进行评估，不仅能够推动物流企业智慧化水平的提升，还将促进智慧物流的进一步发展，具有重要的实践意义。

1.2　文　献　综　述

1.2.1　智慧物流

2009 年 12 月，中国物流技术协会信息中心、华夏物联网与

《物流技术与应用》编辑部联合提出了"智慧物流"这一概念。此后，众多学者围绕智慧物流的相关议题展开了深入研究。本书通过阅读、分析并归纳国内外大量文献，从智慧物流的内涵与特征、技术应用与发展模式，以及发展对策与建议三个方面，系统梳理和总结了智慧物流的研究成果。

范春（2012）提出，智慧物流是物流业全面应用新信息技术，通过整合人类社会和物理系统，实现对整合网络内各要素的实时管控，具有灵活、透明、低风险、实时同步、以客户为中心等特点。我国物流领域的权威专家王之泰（2014）指出，智慧物流是通过互联网、新一代信息技术及现代管理手段，实现物流自动化、可视化、可控化、智能化、信息化和网络化的过程。张国伍（2015）认为，智慧物流是通过集成智能化、移动化的技术，开发具有自我思维、感知、学习、推理判断和解决问题能力的物流系统，从而在资源消耗最小化和服务最优化的基础上，构建全面综合的智慧物流管控体系。何黎明（2017）在分析我国物流业的新特点后，提出智慧物流借助物流互联网及大数据，依托共享创新模式和人工智能技术的协同作用，实现产业分工重塑、结构再造和发展方式的转变，形成新的物流生态系统。雅布尔等（Jabeur et al.，2017）认为，智慧物流的核心目标是有效协调规划与时间安排、信息和通信技术基础设施、人员以及政府决策为四大支柱的智能体系。伍宁杰（2018）强调，智慧物流通过全面融合现代信息技术与管理制度，借助全程信息采集及智能管理，实现物流服务的实时化、可控化、便捷化和信息化，呈现出创新的物流形态。王等（Wang et al.，2020）提出，智慧物流利用智能技术提升物流系统的分析、决策、执行、智能化和自动化水平，不仅能够提高物流企业的运营效率、降低成本，还能增强其市场竞争力。潘等（Pan et al.，2020）认为，智慧物流是一种创新且高效的物流模式，在供应商与制造商之间的物流过程中，通过对材料、信息和财务进行监督，有效调整生产计划和进度，优化物流运作效率。

从众多学者对智慧物流内涵及特征的研究可以看出，智慧物流的发展离不开互联网、大数据、云计算、物联网和人工智能等技术的支撑，这些技术与物流行业的不断融合，极大地促进了物流业的转型升级（魏际刚，2019）。习近平总书记强调："要大力发展智慧交通和智慧物流，推动大数据、互联网、人工智能、区块链等新技术与交通行业深度融合，使人享其行、物畅其流。"① 这表明，物流技术对于智慧物流的发展至关重要，许多学者对智慧物流的技术应用展开了广泛研究，特别是在基于多种技术的智慧物流发展模式方面进行了深入探讨。

诺维卡（Nowicka，2014）从智慧城市物流的角度，分析了城市物流和智慧城市建设之间的关系，探讨了云计算模式对智慧城市物流发展的影响及其带来的优势，提出了基于云计算的智能城市物流模式。邵广利（2015）则从物联网技术的应用现状入手，分析了国内几种具有代表性的智慧物流发展模式，提出了政府推动、企业主导、产业化推进、市场化推广应用等多方面的新

---

① 李小鹏. 以交通运输高质量发展支撑中国式现代化［J］. 求是，2023（19）：35 - 41.

型智慧物流发展路径。蒋志光和张立鑫（2016）详细分析了物联网、云计算和大数据在智慧物流中的作用，并提出了"政府主导、企业为主体、产业推动、标准引领、市场化推广"的创新智慧物流发展模式。维特科夫斯基（Witkowski，2017）从物联网、大数据和工业4.0三个方面提出了物流发展的创新方案，进一步推动了智慧物流的进步。姜大立等（2018）基于大数据、物联网和云计算技术，将智慧物流发展的关键技术分为信息化技术、智能化装备和系统集成技术，并针对智慧物流系统提出了建设对策。郑秋丽（2019）构建了以物联网为基础层、以网络媒介为网络层、以客户物流服务为应用层的智慧物流基本框架，并分析了我国智慧物流发展中存在的问题，提出了相应的发展战略和路径优化建议。潘卓和郑杨（2019）分析了我国智慧物流的发展现状，研究了区块链技术在智慧物流中应用的可行性，提出了区块链与智慧物流融合的对策。罗永红和林楠（2019）剖析了我国智慧物流供应链化转型发展的障碍，并通过应用现代互联网技术，从供应链化的角度提出了智慧物流发展的新模式和转型路径。李佳（2019）基于大数据和云计算技术，构建了"一个中心、三条辅线"的智慧物流框架，包括电子商务、电子物流和电子政务三大平台，提出了包含供给、需求和监管三大子系统的智慧物流模式。伊萨维等（Issaoui et al.，2019）探讨了区块链技术在智慧物流中的信息、传输、财务和管理四个方面的应用适用性和整合性，并通过具体示例展示了区块链技术在智慧物流领域的应用价值。吕波等（2020）将现代物流信息技术融入传统物流运营模式，构建了现代经济时代背景下的物流运营新体系，包括运输配送、仓储、快递配送以及电商物流服务等多种新模式。

在工业 4.0 时代，物流业具有战略性作用。公司可以通过将物流服务作为竞争优势的杠杆、将物流作为社会价值的创造者以及可持续发展的推动者，来实现经济、环境和社会价值的同步提升（Tang & Veelenturf，2019）。因此，加强我国智慧物流建设成为推动我国物流业发展的重要动力。众多学者对我国智慧物流的发展现状及存在的问题进行了深入分析，并提出了相应的对策和建议。

王欣悦（2017）指出，我国智慧物流发展面临管理政策导向不清晰、信息技术落后、信息化服务水平低、资源整合不足等问题，并从政策引导、社会力量、公共信息平台和信息化服务等角度提出了相应的应对策略。符瑜（2018）认为，我国智慧物流在跨境物流数据链路对接、末端物流智能服务、智慧物流数据基础设施、社会物流资源整合以及专业人才培养方面存在不足、衔接不畅、滞后、浪费和人才短缺等问题，建议通过加强政府政策指导、加快信息标准建设、搭建智慧物流云平台、构建智能末端体系、强化信息技术开发、推动共享合作模式以及多方协同培养人才的方法来解决这些问题。黄晓野等（2018）从宏观环境、政策支持及核心供应链等系统层面对我国智慧物流存在的问题进行分析，提出在环境保障、企业战略选择和信息共享机制建设等方面采取对策。况漠和况达（2019）基于外部因素分析了我国智慧物流发展的瓶颈，并提出从智慧物流产业的战略目标与定位、强化联盟建设、促进平台化发展等方面推动创新路径。余娟（2019）指出，我国智慧物流存在行业标准制定进展缓慢、基础设施薄弱、末端智能服务水平低、专业人才匮乏等问题，从政府扶持、信息标准化、智能末端服务体系建设和人才培养四个方面提出对策。荣长玲（2019）对智慧物流与共享物流的耦合机制进行分析，认为物流大数据、物联网技术、信息共享、人才是影响其耦合效果的重要因素，并为"智慧＋共享"物流模式的实现路径提供了相关策略。王帅和林坦（2019）指出，我国智慧物流发展主要受制于信息基础标准体系不够先进、转型速度较慢、可持续发展模式研究缺乏以及信息系统不完善等障碍，提出构建智慧物流标准化体系、推进物流企业数字化改造、有效利用智慧物流协作共享平台、加强政企物流数据共享合作，并向多式联运上下游产业链延伸的建议。韦映梅（2020）提出我国智慧物流存在配送人员素质参差不齐、安全性亟待提升、模式缺乏法律监管等问题，建议通过完善监管机制、提升服务人员业务能力和充分利用技术优势以探寻新的盈利模式。郑其明等（2020）分析了"新零售"背景下智慧物流的发展态势，并提出由政府引导、市场主导及社会共治相结合的"三位一体"智慧物流治理策略。

随着对智慧物流领域的深入研究，部分国内外学者逐渐意识到物流企业智慧化对智慧物流发展具有关键作用，开始针对物流企业智慧化的相关问题展开探讨。国外学者的研究主要集中在智慧物流技术、智慧物流环节、智慧供应链等方面。例如，基希等（Kirch et al.，2017）基于射频识别（radiofrequency identification，RFID）技术，定义了一种为物流和生产而创建的智慧物流区，并通过企业内部汽车零件和托盘的 RFID 技术应用实例，展示了该智慧物流区的作用，为物流企业智慧化作业提供了借鉴。希等（Shee et al.，2018）探讨了基于云计算的供应链集成对供应链绩效和企业可持续发展的影响，并研究了高层管理人员的调节作用。数据分析结果显示云技术对供应链绩效有积极影响，而高层管理人员在云技术应用中起到了关键作用，为物流企业智慧化发展提供了技术应用和管理创新的思路。邢（Xing，2018）从物流信息采集和追踪的角度出发，基于无线传感器网络技术，结合地理信息系统和 Java 语言，设计了物流跟踪管理系统，该系统提高了物流业的信息化水平，促进了物流企业的信息化建设。加巴尔等（Jabbar et al.，2018）则从物流仓储的角度出发，基于物联网技术中的传感器和射频识别技术，设计了一种面向网络的仓库管理架构，有助于提高物流企业在仓储智慧化方面的发展。黎等（Lee et al.，2018）也对智慧物流仓储问题进行了研究，重点通过优化客户订单来改善仓库运营，提出智慧仓库管理系统，并通过对数据分析验证了该系统在提升仓库智慧化管理方面的有效性。王和罗（Wang & Luo，2019）以丝绸之路经济带为背景，测算了智能技术与物流产业之间的融合度，并通过分析指出物流技术对物流效率有显著影响，建议物流企业应积极参与智能物流技术创新，为企业智慧化发展提供了新思路。巴伦吉等（Barenji et al.，2019）基于代理技术，设计了一个电子商务智慧物流平台，帮助解决物流园区实时调度和控制系统中的差距问题，为园区内外物流企业智慧化运作提供支持。

国内学者对物流企业智慧化的研究主要集中在体系架构、

模式构建、内涵特征等方面。鲍琳和张贵炜（2018）采用程序扎根理论方法，构建了包含技术基础、平台功能和保障体系的智慧物流框架，并利用该框架对某物流企业的智慧物流系统进行探讨，以满足物流企业智慧化发展需求。钱慧敏等（2019）从物流服务质量的角度出发，构建顾客忠诚度的影响模型，并通过回归分析得出时间、信息、技术等智慧物流服务质量对顾客忠诚度具有正向影响，提出智慧物流企业应从布局优化、电子单推广、技术引进及加强监控等方面提升智慧物流服务质量。李佳和靳向宁（2019）基于信息技术，从对外贸易的角度，构建了智慧物流核心管理平台，提出智慧物流和对外贸易相结合的模式，为物流企业智慧化发展提供了新的思路。杨代君和钱慧敏（2019）在智慧物流发展背景下，提取用于评价物流企业智慧化程度的指标，构建了物流企业智慧化程度、协同度与企业绩效之间的关系模型，并通过实证分析，提出物流企业智慧化发展的改进建议。张彤（2019）在大数据背景下，研究了智慧物流业务体系的构建思路，涵盖技术、结构及运营模式，为物流企业开展智慧化业务提供参考。其中，设计的大数据背景下智慧化业务运营模式有助于进一步推动物流企业智慧化发展。孙磊和张树山（2020）分析了推动物流企业智慧化升级的六个驱动因素，构建了驱动因素与企业绩效之间的理论框架，并利用物流企业的数据对驱动因素、智慧化升级与企业绩效的关系进行了实证分析，为物流企业的智慧化升级提供了科学依据。胡晓静等（2020）分析了物流企业"智慧+共享"模式的内涵、发展困难、耦合机理及实现路径，为物流企业智慧化和共享化协同发展提供了参考，以推动企业创新。然而，该研究偏向定性分析，缺乏定量依据。因此，钱慧敏等（2020）为进一步深化物流企业"智慧＋共享"的模式框架构建，采用扎根理论，通过样本数据探讨智慧化和共享化之间的耦合机制，并提出了提升物流企业智慧化和共享化水平的政策建议，丰富了物流企业智慧化发展的理论研究。

1.2.2 应急物流

自然灾害、事故灾难和突发公共卫生事件频发，灾区物资的筹备、运输、分配和供应过程受到严重阻碍，其影响已不再局限于某一国家或地区。因此，相关管理模式的重要性日益凸显。针对这一问题，国内外学者展开了广泛的研究与探讨。

在 20 世纪 80 年代，国外学者开始关注应急物流的理论和实践。1984 年，肯博尔和史蒂芬森（Kemball – Cook & Stephenson，1984）首次提出在救援物资调运过程中应当采用特殊的物流管理方法，以提高物资运输效率。1985 年，艾肯斯（Aikens，1985）基于当时的知识条件，利用数学分析和规划方法构建了应急物流情景下仓库选址的八个基本模型，包括简单的无容量设施选址模型、简易无容量的多梯次设施选址模型、多商品无容量设施选址模型、动态无容量设施选址问题、容量设施选址模型、广义容量设施选址模型、随机可容设施选址模型以及多商品可容单梯队设施选址问题。1995 年，应急管理专家苏莱曼（Suleyman）针对美国在应对安德鲁飓风过程中暴露出的问题，进行了深入研究。他提出利用仿真技术和网络优化模型，构建一个有效、综合且模块化的决策支持系统，以便在自然灾害来袭时进行人员疏散、交通管控，并为应急救援物资的配送提供有效支持，这一构想成为早期与应急物流管理相关的系统雏形（李创，2013）。

国内应急物流管理的研究起步较晚，但发展迅速。高东椰和刘新华（2003）总结了应急物流的特点，并借鉴军事物流的理念，探索我国应急物流的发展路径。欧忠文等（2004）首次在国内提出"应急物流"概念，介绍了其内涵，并从应急物流的保障机制和实现途径进行研究。考虑到地震灾害频发问题，王海军等（2016）建立了一个基于多车型、双目标的开放式选址——路径问题混合整数规划模型，以最小化平均车辆运输时间和系统总成本为目标，采用基于非支配解排序的遗传算法进行求解，提供了多元化的决策选择。杨海龙和邓琪（2008）分析了"5·12"汶川地震后灾区物流系统的实际状况，包括交通、通信和天气条件，提出了一系列快速建立震后应急物流体系的对策建议。随着应急物流管理研究的日益深入，越来越多的学者结合实际问题开展研究。方静和陈建校（2008）从组织、采购、仓储、运输、配送、信息传递六个环节分析了我国应急物流的现状，并对应急物流系统流程进行了优化设计。周青超等（2024）提出了一种基于区间二型模糊集（interval type - 2 fuzzy set，IT2FS）、最优最劣法（best-worst method，BWM）和多属性边界近似区域比较法（multi-attribute boundary approximation area comparison method，MABAC）的应急物流设施选址评价方法，并通过实际案例验证了方法的可行性和有效性。除了选址问题，黄国平和雷皓翔（2024）提出了一种基于云 TOPSIS 的应急物流供应商综合评价方法，利用博弈论组合赋权和指标决策云模型，克服了单一权重计算方法的局限性，并引入云模型量化定性语言，解决了评价过程中的模糊性问题。还有学者从军民融合的角度出发，探讨军队、地方政府和企业等社会主体共同参与的应急物流模式。冯春和于彧洋（2014）采用 IDEF0 模型分析军队和民间力量在应急物流的备灾、应急响应和恢复重建中的作用，并提出军民融合式应急物流模式的发展机制。王术峰（2014）基于供应链管理思想和第五方物流理论，探讨了创新军地协同服务应急物流模式的构建，并提出了相应建议。姜玉宏和刘小博（2017）重点探讨了由政府、部队和企业等组成的军民融合一体化应急物流模式，为提高应急物流的配送能力提供了参考。此外，部分学者从技术应用的角度，应用互联网、区块链等现代信息技术研究应急物流模式。纪红任等（2010）提出了基于二维码技术的应急物流模式，分析了应急物资对自动识别技术的需求，规划基于二维码技术的应急物流模式，以提高应急物资的管理效率和时效性。姜方桃和张桂萍（2018）提出了"互联网 ＋"应急物流模式，利用互联网技术重构传统应急物流的服务体验、成本和信息交互问题。李旭东等（2020）提出了基于区块链技术的应急物流模式，分析了区块链与应急物流在突发公共卫生事件中的耦合机制，探讨高效运行、智能发展等典型应用模式，完善了应急物流模式研究。虽然现有文献对应急物流模式进行了较为广泛的探讨，但多以自然灾害或未区分事件类型的突发公共事件为背景，较少涉及突发公共卫生事件的研究。近年来，突发公共卫生事件频发，部分学者开始关注相关领域的应急物流问题，研究集中在应急物资的运输配送（赵建有等，2020）、储备（孙翊等，2020）、应急物流系统的建立（Jiang et al.，2020）及法律机制的制定（彭幸，2020）等方面。关于突发公共卫生事件下应急物流模式构建的研究仍需进一步拓展，特别是智慧化应急物流模式的研究较为匮乏，尚有待深入探索。

1.2.3　应急供应链

应急供应链起源于应急管理领域，属于供应链管理中的一种特殊类型。传统供应链管理方法在应对自然灾害、公共卫生危机等突发事件时存在局限性，这促使各国学者对应急供应链进行深入研究。应急供应链的概念最早由克里斯托弗和佩克（Christopher & Peck，2004）于2004年提出，随后国内外学者对其在突发事件中的应用和优化展开了广泛的研究。

国外关于应急供应链的研究主要集中在应急决策、资源调度和路径优化等方面（戢晓峰等，2021）。为应对灾害复杂性、不确定性以及时间与资源限制之间的平衡，巴哈尔曼德等（Baharmand et al.，2019）提出一种位置分配模型，通过将受影响区域划分为多个层次，并考虑设施和车队的容量限制，帮助决策者在响应时间和物流成本之间进行权衡。基于网络优化理论，齐和胡（Qi & Hu，2020）研究了应急冷链物流资源的最短调度时间，并针对实际配送路径的交通状况，构建考虑车辆损耗、冷藏消耗和

货损随时间变化的数学模型。代尔曼等（Diehlmann et al.,
2021）基于博弈论提出了公私合作应急物流框架，定量评估了应
急物流中的公私合作行为，强调了私营企业在物资供应中的作
用。针对新冠疫情期间暴露出的应急物资配送问题，吴和王
（Wu & Wang，2021）构建了应急物资配送云平台，结合遗传算
法与君主方案，优化城市应急物资配送的最优路径。

在国内，应急供应链的理论研究主要集中于仓储布局优化、
物流协同管理和物资需求预测等领域。崔巍（2019）针对应急物
流仓储中心的布局设计提出了优化方案，重点优化物资仓储过程
中的流程、布局和功能区划分。张晶（2020）构建了城市应急物
流协同运作机制，并就突发公共卫生事件中的系统内部协同决策、
管理和操作提出了具体建议。李宁（2020）提出了应对突发公共
卫生事件的应急供应链协同管理框架，通过实施协同管理措施，
有效解决了疫情防控期间应急物资供应中的协调问题，最大限度
地满足了医疗需求。安聪琢和王玖河（2021）研究了新冠疫情期
间应急物资配送的纵横综合模式。霍玉蓉（2019）的研究表明，
区块链技术与应急物流体系的属性高度匹配，该技术能够促进应
急物流体系建设与发展。王英辉等（2022）基于每日确诊人数预
测防疫物资需求，构建了动态需求模型，从而精准预测突发重大
公共卫生事件下的物资需求变化，更加有效地满足防疫需求。

1.2.4 智慧供应链

随着客户需求和信息处理量的不断增加，供应链管理的复

杂性日益提升，管理成本也随之上升，供应链更容易受到外部风险和波动的影响。仅构建紧密集成、需求驱动的供应链，已无法满足当前社会与企业的需求。因此，动态智能、可视互联的智慧供应链应运而生。自智慧供应链的概念提出以来，国内外学者对此进行了广泛研究，围绕其模型、技术及应用展开深入讨论。

国内外学者对智慧供应链模型的研究主要集中于逻辑框架、数学建模和案例分析等不同方面。在逻辑框架方面，学者们主要分析智慧供应链构建思路。帕斯等（Pasi et al.，2020）基于物联网的数据采集设备和综合信息管理系统，提出智能供应链管理系统的开发框架，利用网络设备和信息系统实现数据的收集和传输，并由最终用户进行数据监控。霍丽君（2021）则构建了具有智慧零售特征的农产品流通供应链新模式，包括链条式对接、场景化消费和扁平化运作，并提出推动农产品流通供应链转型升级的路径，涵盖基础设施建设、数据支持、技术创新等关键要素。张娟（2021）基于供应链协同原理，重塑智能物流生态系统框架与运营模型，提出了传统物流企业智能化转型的方向，从微观和宏观层面为物流企业的转型提供了指导。

在数学建模方面，加迪米等（Ghadimi et al.，2018）提出一种可持续供应商评估和选择的解决方案，利用多代理系统模型为供应链各方建立结构化的信息交换途径，提升了信息的透明度和可视性。彭树霞等（2021）从创新程度、协调水平和可持续性三个维度构建智慧供应链的评估指标体系，并采用组合赋权法对该指标体系进行量化分析。刘伟华等（2021）基于企业创新、基础设施、人才资源及资金扶持四个维度，构建了中国城市智慧供应链发展的预警框架，并结合层次分析法优化信号灯模型的权重，实现对供应链状态的实时监控。韩梦圆等（2022）设计了智慧供应链的资源配置模型，在顾客满意和企业成本的双重约束下，通过逐级循环的方式求解质量需求的优先级向量，验证了该模型在精准化满足质量需求方面的有效性。牟宗玉等（2024）基于贫困农户普遍面临的资金短缺问题，构建多种供应链扶贫模式的决策模型，包括"农户 + 智慧平台""农户 + 批发商 + 智慧平台""农户 + 农村合作社 + 智慧平台"等。在案例分析方面，赵振智和王芳（2014）、杨鹏飞等（2017）通过具体案例探讨智慧供应链的创新应用和实际效果，进一步丰富了智慧供应链的理论研究和实践经验。

在智慧供应链的技术体系中，物联网是实现智慧供应链的关键技术，大数据则为其提供重要支撑。阿卜杜勒－巴赛特等（Abdel－Basset et al.，2018）将物联网应用于供应链管理，构建智能且安全的供应链管理系统，并针对系统安全评估问题，提出将 N－DEMATEL 技术与 AHP 方法相结合的评价框架。吴等（Wu et al.，2019）倡导将物联网与供应链整合，构建智慧供应链生态系统，以提升生产效率。为解决传统供应链系统中存在的软硬件协作不足、效率低下和信息失真等问题，周和徐（Zhou & Xu，2019）应用物联网技术开发智慧供应链信息系统。桑德斯（Sanders，2016）研究了企业如何使用大数据分析推动供应链运营，提出了基于实际经验的实施框架。在区块链和智能算法等新兴技术的推动下，智慧供应链呈现出新的发展趋势，并向更高层次迈进。伊万诺夫等（Ivanov et al.，2016）基于智慧供应链的协同性特性，建议构建规模化的智能基础设施，以开发智能网络算法，并通过整合数据、信息、产品及各类供应链流程，提升工业4.0模式下的供应链运行效率。刘等（Liu et al.，2018）提出了一种基于区块链技术的物流信息安全解决方案，用以应对物流信息欺诈和监管机制不足的问题，并设计了智能合约以保障物流信息的安全性。周杰和李文敬（2018）利用云计算技术，设计物流区块链模型和共识算法，以提升物流企业供应链内部的信息可靠性、可追溯性和资金安全性。张森等（2020）则为冷链物流行业提出了区块链解决方案，设计订单数据安全上链系统、冷链环境数据实时上链系统和物联网设备身份认证与权限控制机制。李永芃和张明（2021）将区块链技术融入智慧物流，创建了政府主导型智慧物流生态体系，重塑了智慧供应链产业的信息传递方式，改善了其运营模式与服务水平。

智慧供应链的应用不断扩展，为供应链管理提供了创新工具和发展路径，引发众多层面管理范式的变革（宋华和杨雨东，2019）。智慧供应链的管理效益不仅体现在提升流程效率和加强风险控制能力，还促进了供应链节点之间更广泛且深入的互联互通。欧（Oh，2019）提出了一种符合物流标准的先进智能供应链管理（supply chain management，SCM）解决方案，通过提高供应链的可视性、安全性和效率，实现高效的库存管理与及时的产品供应，从而最大化企业利润。马彦华和路红艳（2018）指出，智慧供应链受用户需求驱动，具有高度的技术整合性，通过信息共享提升了供应商、企业和客户之间的协同水平。李梓等（2021）

总结了智慧供应链的运作效果，包括提升企业资源配置效率、促进业务与财务协调，以及降低供应链运营成本。杨雯雯（2022）认为，依托智能技术，智慧供应链采购克服了传统采购模式中信息不对称、可溯性差、监管不足及效率低下等问题，有助于构建扁平化的采购体系。

作为供应链管理的一个重要分支，供应链质量管理体系的完整性与有效性对于确保供应链具备持续稳定的质量保障能力至关重要。供应链的高质量发展依赖供应链各节点的质量整合。当前，国内外学者的研究主要集中在供应链质量评价体系、质量保障系统以及质量决策与优化等方面。

国内外学者采用识别评价指标、设计测量量表和构建数学模型等多种方法，探讨了供应链质量评价问题。斯坦利和维斯纳（Stanley & Wisner，2001）分析了采购活动对供应链中产品和服务质量的影响，提出采购物流服务质量的评价指标，包括需求响应、交付质量、柔性服务和误差处理。雷费尔（Rafele，2004）基于服务质量量表（service quality，SERVQUAL）模型，结合供应链物流服务的特点，提出包含有形性、订单满足和信息服务三个维度的量表。张浩等（2023）运用空间杜宾模型分析发现，供应链质量整合对流通业创新绩效具有显著正向影响，并存在空间溢出效应。张鹏和周恩毅（2022）基于模糊层次分析法，构建农产品冷链物流全过程的供应链质量评价体系。杨剑锋等（2022）研究行业标准变化对制造商生产不同成本结构产品的质量水平的影响，分析了提高行业标准对制造商生产高质量产品的激励效果。

在供应链质量保障领域，学者们致力于利用先进技术构建高效和安全的质量保障机制，以应对灾害和突发事件带来的挑战。研究深入探讨了基于区块链的物流保障系统模型，以及智能合约在应急物流中的应用等多个方向，强调信息集成系统在供应链质量保障中的关键作用。维杰维克拉马等（Wijewickrama et al.，2021）分析了影响拆迁垃圾逆向物流供应链（reverse logistics supply chain，RLSC）质量保证的因素，提出拆除废弃物的逆向物流供应链的质量保障应依赖以信息为中心的流程、人员、政策和技术集成系统。孙（Sun，2021）设计了一个基于区块链协同的应急物流保障系统，涵盖物资供求管理和物资调度管理等方面。该系统通过全程自动执行智能合约，具有高度可靠性，并提供了共享但不可篡改的分布式物流数据库，确保物流信息的实时查询。张（Zhang，2021）分析指出，区块链的核心技术特性与应急物流供应链在信息共享、供应链协调、捐赠透明度和物资可追溯性等方面高度契合，因此构建了一个基于区块链的应急物流物资保障系统模型，从应急供应链智能化开发、物资保障体系建设、应急物资信息溯源与防伪三个方面探讨具体的建设措施。权印（2020）利用RFID技术设计了包含系统硬件和软件的物流信息安全保障系统。赵秋红（2020）结合中国国情，从重特大突发事件的特征出发，提出了应急物流管理体系建设的保障机制。

在供应链质量优化问题研究中，学者们主要关注应急物资保障决策优化、质量激励策略的影响、关键因素识别及质量优化措施等方面。费尔南多和迈克尔（Fernando & Michael，2022）针对易腐产品的质量随时间变化的问题，结合模型简化策略和分解框架，设计出供应链的最优生产和分配计划框架。王等（Wang et al.，2022）在重大突发公共卫生事件的背景下，深入分析了效用风险熵算法模型和前景理论，提出了基于区块链的应急物资保障决策优化方法。范建昌等（2023）研究了不同质量激励策略对上游节点企业产品质量改进及整个供应链业绩的影响。张毅（2022）基于应急物资保障流程的总结，构建了关键环节识别的指标体系，并提出了提升信息管理能力、加强关键环节管控、建立统一保障体系等优化建议。张世政（2022）通过历时性比较重大突发事件中应急物资供应链保障制度的实践效果，建议创新政企合作机制、提高跨区域应急物资协调能力，并推动智慧化应急物流网络的建设。

1.3 研 究 方 案

1.3.1 研究目标

（1）设计物流企业的"智慧塔"运行模式。根据智慧物流的发展动因及趋势，分析总结物流企业智慧化发展所需具备的核心功能，并在此基础上探讨关键物流技术。通过运用系统思维，将智慧化功能与关键物流技术相结合，设计出适用于物流企业的"智慧塔"运行模式，以提高物流运作的智慧化水平。

（2）构建物流企业智慧化水平的评价指标体系。目前，国内尚未形成针对物流企业智能化水平的完整、标准和权威的评价指标体系，现有研究大多围绕某一特定区域或行业进行物流发展水平的评价。本书将从系统性角度出发，构建一套适用于评估物流企业智慧化水平的评价指标体系，以填补这一领域的研究空白。

（3）构建突发公共卫生事件下应急智慧供应链质量影响因素的理论模型。针对应急智慧供应链质量的影响因素进行全面梳理与分析，提出影响因素的理论模型。在此基础上，分析突发公共卫生事件对应急智慧供应链质量的具体影响，采用结构方程模型进行实证分析，揭示各因素对供应链质量的影响路径，并验证理论模型的合理性和有效性。此外，采用贝叶斯网络探索各影响因素间的潜在因果关系，并通过诊断推理、敏感性分析和最大致因链分析，识别出影响应急智慧供应链质量的关键因素。

（4）设计突发公共卫生事件下的应急智慧供应链质量保障机制。依据对应急智慧供应链质量影响因素的分析结果，提炼出质量保障的关键要素，并通过运用系统思维，结合区块链技术，设计出一套完善的应急智慧供应链质量保障机制架构，以确保供应链在突发事件中的有效运作和质量控制。

1.3.2　研究内容

第1章为绪论，介绍本书的研究背景及意义。通过梳理智慧物流、应急物流、应急供应链、智慧供应链等相关文献，明确本书的研究目标，分析了研究内容、技术路线和研究方法。

第2章探讨智慧物流的发展背景及趋势，通过研究智慧地球、智慧城市、智慧供应链三个相关理论，深入剖析其与智慧物流的关系。随后对智慧物流的发展驱动因素及趋势进行综合分析，为后续物流企业"智慧塔"运行模式的设计奠定理论基础。

第3章阐述了应急物流管理理论及发展，系统梳理了应急管理的相关理论，包括综合应急管理理论、4R危机管理理论、有准备的社区理论、生命周期理论、风险管理理论以及突发公共卫生事件理论。该章为研究应急智慧供应链的质量影响因素提供了理论依据。此外，还介绍了应急物流管理体系及国内外的发展历程，最后详细介绍了应急智慧供应链的概念与应用。

第4章聚焦于智慧应急物流模式设计。通过分析物流企业的智慧化功能及所需关键技术，设计了"三层一链"结构的智慧化运行模式——"智慧塔"。本章分别对"智慧塔"综合平台层中的四个平台进行了详细的设计与说明，并进一步描述了应对突发公共卫生事件的"智慧塔"应急物流模式。

第5章对"智慧塔"模式下物流企业的智慧化水平进行评价。基于前述构建的"智慧塔"模式，通过文献分析，构建了物流企业智慧化水平的评价指标体系，包括4个一级指标、9个二级指标和21个三级指标。随后，通过专家问卷调查，对三级指标的重要性进行评分，采用专家积极系数和专家权威系数检验问卷的专业性和权威性，并通过效度系数和可靠性系数对评价指标体系的合理性进行验证。最后，基于多元信息偏好理论，采用改进的直觉模糊层次分析法计算各指标的权重。

第6章分析了应急智慧供应链质量影响因素。综合前期关于供应链管理的理论研究，在梳理应急智慧供应链质量影响因素的基础上，提出研究假设并构建了理论模型。本章设计了应急智慧供应链质量影响因素的测量量表，包含7个一级指标和34个题项。通过问卷调查收集数据，并利用预调研对指标信度进行初步检验，确保问卷的科学性。采用克隆巴赫系数和探索性因子分析对量表进行信度和效度分析，并运用矩阵结构分析（analysis of moment structures，AMOS）软件通过结构方程模型检验影响因素与应急智慧供应链质量之间的作用关系。随后，构建了应急智慧供应链质量影响因素的贝叶斯网络拓扑结构，利用问卷数据并采用 EM 算法对模型参数进行学习。通过贝叶斯网络模型的诊断推理、敏感性分析及最大致因链分析，检验其与结构方程模型结果的一致性，并识别出影响应急智慧供应链质量的关键因素。

第7章提出了应急智慧供应链质量保障机制。结合应急智慧供应链网络结构，针对信息技术支撑能力、应急响应准备能力、物资筹措能力、物流运输能力、组织管理能力和人道救助服务能力六大核心因素，基于区块链技术，融合大数据、物联网、人工智能等先进技术，设计应急智慧供应链质量保障机制。详细阐述区块链技术的应用架构，并介绍应急主体自组织保障的工作流程及智能合约自执行保障的实现方式。

1.3.3 研究方法

（1）文献研究法。

采用文献研究法，系统收集、阅读和整理国内外关于突发公共卫生事件政策、智慧供应链、应急供应链及供应链质量等方面的研究成果，全面掌握应急智慧供应链的研究现状和相关理论基础。基于文献分析，挖掘应急智慧供应链研究的创新点和切入点，为构建应急智慧供应链质量影响因素的理论模型奠定基础。

（2）问卷调查法。

通过问卷调查法，收集应急智慧供应链质量影响因素的重要性评估相关数据。首先设计关于六个影响因素及应急智慧供应链质量的测量量表，形成调查问卷。为确保问卷的合理性和科学性，采取预调研检验初始指标。在此基础上，选取供应链研究学者、供应链行业专家、应急管理部门或机构的决策人员，物资供应商和物流公司负责人、受灾地区的应急响应人员以及曾受影响的社会公众，作为正式调研样本进行大规模调查。

（3）统计分析法。

采用 SPSS Statistics 26 软件对问卷数据进行描述性统计分析和探索性因子分析，保证数据的质量。运用 AMOS 26 软件对量表进行组合信度、收敛效度和区分效度的检验。通过结构方程模型实证分析应急智慧供应链质量影响因素之间的关系及作用强度，验证理论模型假设，并对检验结果进行科学的讨论。

（4）贝叶斯网络分析。

贝叶斯网络，又称信度网或因果网，是一种基于概率推理的模型，用于表达和分析不确定性知识，主要用于描述变量之间的依赖关系。本研究利用 GeNIe 4.0 软件处理数据，构建贝叶斯网络模型。并通过参数学习、后验概率推理、敏感性分析及最大致因链分析，揭示应急智慧供应链质量的关键影响因素，为制定应急智慧供应链质量保障机制提供依据。

（5）直觉模糊层次分析法。

直觉模糊层次分析法（intuitionistic fuzzy analytic hierarchy process，IFAHP）用于确定指标的权重。在评分过程中，能够充分反映决策者的犹豫性或不确定性。当专家评分一致性检验未通过时，可通过引入参数调整来确保一致性，无须专家反复重新打分，从而简化了流程，并减少不同时间段评分偏差，确保评分结果更加合理、客观（顾婧等，2015）。

（6）加权秩和比评估法。

1988 年，学者田凤调提出秩和比（rank sum ratio，RSR）法，该方法具有对数据要求低、可塑性强、适用范围广等优点，广泛应用于医学领域的多指标统计分析。本研究结合指标重要性的差异，采用加权秩和比评估法（weighted rank sum ratio，WRSR）进行实证分析，进一步提升评价结果的科学性与准确性。

1.3.4　技术路线

技术路线见图 1-1。

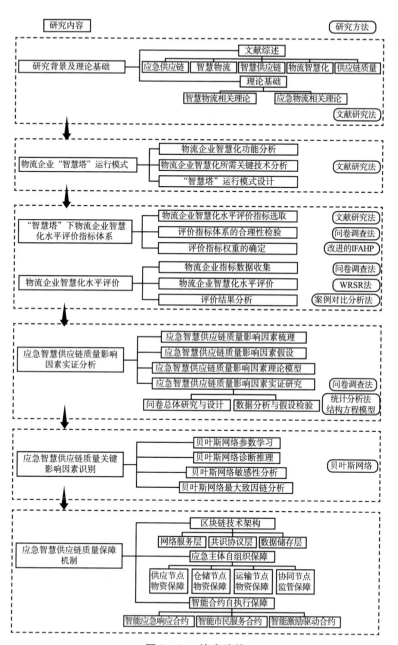

图 1-1 技术路线

第 2 章

智慧物流的发展背景及趋势

2.1 智慧物流的相关理论

2.1.1 智慧地球

2008 年 11 月，IBM 提出了"智慧地球"的概念，这一理念在 2009 年 1 月得到了美国总统奥巴马的公开肯定。同年 8 月，IBM 发布了《智慧地球赢在中国》的计划书，标志着"智慧地球"战略在中国正式启动，引发了国内外社会各界的广泛关注。

"智慧地球"的核心理念包含三大要素：一是更精准地感知（instrumented）；二是更全面地互联互通（interconnected）；三是更深入地智能化（intelligent）（许晔和郭铁成，2014）。从地球空间信息学角度来看，智慧地球是通过遥感和嵌入式感应技术感知物体的状态，并实时获取其动态和静态数据，再通过网络实现数据的通信和传输。这些数据在虚拟数据中心进行集成，并通过专业模型进行处理、分析、挖掘和预测，最终给政府机构、行业应用和个人生活提供智能化服务（柳林等，2012）。智慧地球的主要特征包括在数字地球的框架上建立、融合物联网和云计算、面向应用和服务、与现实城市紧密结合、具有自主组网与自我维护的能力（李德仁等，2012）。要实现"智慧地球"，必须在国家电网、交通、物流、家居、医疗、农业、国防和军事等多个领域实现全面的互联互通，伴随而来的将是海量数据的管理与信息安全挑战。如果这些问题得不到有效解决，"智慧地球"作为整体将可能面临信息被窃取和破坏的风险。因此，构建真正的"智慧地球"具有相当难度。现阶段，人们只能在局部领域实现智慧化（张之沧和闰国年，2015）。

"智慧地球"将人类的知识、理论、技术和发明创造应用于地球的各个角落（张之沧和闰国年，2015），依托这些技术实现各行业、各领域的互联互通，持续提升社会发展的"智慧水平"。这一理念为智慧物流发展在智能技术、智能设施和智能管理等方面提供了有力支持与正确导向。

2.1.2 智慧城市

"智慧城市"的概念被认为起源于 20 世纪 90 年代末，作为美国"Smart Growth Movement"的一部分（Praharaj & Han，2019）。2010 年，IBM 公司在提出"智慧地球"后，进一步提出了"智慧城市"的发展愿景，这一愿景作为"智慧地球"理念的具体实施战略。2012年，我国设立了首批国家智慧城市试点，共包含90个城市，正式开启了中国"智慧城市"建设的序幕。随后，2013年，我国启动了"智慧城市"双试点项目，即国家"智慧城市"技术和标准试点城市，进一步加快了"智慧城市"建设的步伐。

智慧城市是一个不断演进的概念。国内外学者通常从智能技术、智慧人才和智能协作三个维度对其进行定义（阿尔伯特·梅耶尔等，2020）。然而，智慧城市仍然是一个较为模糊的概念，尚未形成一个被广泛接受的定义来涵盖新兴技术的发展和不断变化的需求所带来的复杂性及多层次互联性（Israilidis et al.，2019）。因此，本书参考部分学者的研究，总结出智慧城市是一个融合了数字化、生态性和创新性，兼具技术和社会双重属性的立体化城市概念。智慧城市通过信息与通信技术的深度融合来改善市民生活质量；通过先进的数字技术赋予城市智能性；通过教育提升市民的创造力和智慧；通过文化建设增强民众的安全感和幸福感，最终倡导一种可持续的生活方式（许庆瑞等，2012；Kumar & Krishnan，2020；Chamoso et al.，2020）。

智慧城市的建设与发展，进一步具体化了"智慧地球"的理念，并与智慧物流的发展密切相关。首先，我国智慧城市的发展现状表现为政策密集出台、城市信息基础设施的全面升级、"互联网+"催生智慧产业、城市管理和公共服务向精细化方向发展、大数据产业的初步形成，以及智慧城市标准体系的初步建立（智慧城市发展研究课题组，2016），这些积极趋势为智慧物流的建设奠定了坚实的基础。同时，智慧物流作为智慧城市发展的重要基础，能够支持城市基础设施的实时管理，提高城市的安全性、舒适性和生活质量，并增加公共设施的可用性（Kauf，2019）。

2.1.3　智慧供应链

供应链概念起源于 20 世纪 80 年代，经历了逐步发展的过程，最初作为物流概念的一部分存在，现在已经演变为一个系统化的管理方法体系，甚至可以说物流已经成为供应链的一部分。随着信息技术的广泛应用，互联网与物联网不断融入供应链，推动其进入智慧供应链管理的新阶段（马彦华和路红艳，2018）。

智慧供应链是综合应用现代供应链管理理论、方法和技术，在企业内部和企业之间实现智能化、网络化和自动化技术与管理的集成系统。该系统能够缩短企业的市场响应时间、最小化资源消耗，并提升产品质量（赵振智和王芳，2014）。智慧供应链具备工具性、关联性、智能化、自动化、整合性与创新性六大特征（洪群联等，2019）。由于智慧供应链在经济、环境和社会效益方面的实现具有可行性，已逐渐成为企业推动可持续发展的主流战略（Chen et al.，2020），涵盖了物流企业在内。可以将智慧供应链理解为在智慧物流基础上，将智慧化应用扩展到整个供应链各环节的综合集成系统。

智慧城市和智能技术的发展为智慧供应链的构建提供了必要的基础设施（Oh & Jeong，2019），智慧物流作为智慧供应链管理的重要组成部分，也获得了新的发展动力。

2.2 智慧物流的发展动因

　　物流的发展经历了粗放型、系统化、电子化和智能化阶段，目前正处于智慧化阶段（郝书池，2017）。我国智慧物流的市场规模日益扩大，其发展的主要驱动力来源于五个方面：政策引导、技术创新、需求拉动、竞争推动以及生态驱动。

2.2.1　政策引导是智慧物流发展的健康指向

　　随着经济全球化的深入推进及人类命运共同体的逐步形成，采购、生产和消费的全球一体化趋势日益显著，全球范围内的货物流通不仅带来了发展机遇，也带来了诸多挑战。为加快货物流通速度、提升流通质量，我国政府积极应对，陆续出台了一系列政策措施，为智慧物流发展指明了方向。2014 年 9 月，国务院发布《物流业发展中长期规划（2014—2020 年）》，提出了加强物流信息化建设和推进物流技术现代化的重点任务，明确了智慧物流健康发展的方向。随后，2016 年 7 月，国家发展和改革委员会出台的《"互联网＋"高效物流实施意见》进一步提出了依托互联网构建开放共享、合作共赢、高效便捷、绿色安全的智慧物流生态体系的目标，强调了智慧物流的新技术、新模式和新业态的发展方向。2019 年 3 月，国家发展和改革委员会联合交通运输部等 24 个部门发布《关于推动物流高质量发展促进形成强大国内市场的意见》，提出要推动物流智能化改造，明确了建设数字物流的发展方向。2022 年 10 月，交通运输部和国家标准化管理委员会联合发布《交通运输智慧物流标准体系建设指南》，聚焦基础设施、运载装备、系统平台、电子单证、数据交互与共享、运行服务与管理等领域，提出建立智慧物流标准体系并打造一批典型应用项目，以提升标准化水平，为建设交通强国提供高质量标准供给。同年 12 月发布《"十四五"现代物流发展规划》，进一步强调加快现代物流的数字化、网络化和智慧化发展，提出打造科技含量高、创新能力强的智慧物流新模式，并规划了"四横五纵、两沿十廊"物流大通道，包括串接东中西部、连接南北方的国内物流大通道，以及沿海、沿边和对接区域全面经济伙伴关系协定（regional comprehensive economic partnership，RCEP）等国际物流大通道。

2.2.2 技术创新是智慧物流发展的坚实基础

技术革命推动了社会进步，我国智慧物流的发展离不开现代物流技术的创新与应用。人工智能、物联网、云计算、区块链、大数据和互联网等现代信息通信技术在物流领域的应用，不仅促进了 3D 打印、AGV 小车、智能快递柜、无人机、无人车等智能硬件的普及，还推动了运输管理系统（transportation management systems，TMS）、仓库管理系统（warehouse management systems，WMS）及仓库控制系统（warehouse control system，WCS）等智能软件的广泛应用，为智慧物流的发展提供了有力的技术支撑。物联网技术通过各种传感器和智能设备，实现了对物流过程中货物、车辆、仓库等重要环节的实时感知和数据采集，有效提升了物流流程的可监控性，提高了运输效率，减少了货物丢失和损坏的风险。云计算技术通过分布式存储和初步处理大量的数据信息，为物流企业提供了强大的计算和储存能力，确保物流信息系统的高效运作。大数据技术则对初步处理的数据进行深入挖掘，帮助物流企业优化路径规划、预测需求并合理调配资源，为智慧物流的科学决策提供了坚实的数据支持。人工智能的算法在智慧物流中发挥着核心作用，通过对大量数据资源的学习和分析，实现了物流作业环节的优化。此外，人工智能驱动的智能机器人在运输配送中实现了无人化操作，显著提高了效率。区块链技术通过实时连接智慧物流中的各相关方，确保物流信息在更新和共享过程中的安全性、透明性和不可篡改性，从而增强了信息的可靠性和监督能力。最后，互联网技术的应用进一步实现了智慧物流中信息的可传递性、可视化和共享化，推动了智慧物流的整体提升。

2.2.3　需求拉动是智慧物流发展的强大动力

物流业作为"第三利润源"的重要组成部分，越来越多的企业将物流活动纳入其发展战略中，企业对个性化、精细化和集约化物流服务的需求不断增加，推动了智慧物流市场的逐步形成。首先，随着生活水平的提升，消费者的需求也在不断变化，线上购物的快速发展带动了电商平台的繁荣。快捷、灵活的快递服务日益受到欢迎，尤其在新零售背景下，客户的小批量、多批次个性化需求为智慧物流的市场提供了广阔空间。其次，社会分工的日益精细化提升了供应链各环节对物流服务的要求。客户希望获得透明、柔性、经济且优质的物流服务，这种精细化需求为智慧物流的发展带来了机遇。再次，工业 4.0 时代的信息化和数字化浪潮促使客户期望通过信息化、数字化的物流服务整合资源，社会对集约化服务的关注逐渐增加，为智慧物流发展注入了动力。此外，企业面临着降低成本和准确地预测市场需求的压力，传统物流模式中资源浪费、效率低下等问题普遍存在，导致人力、储存和运输成本较高。智慧物流借助自动化和智能化技术，能够准确配置资源，减少不必要的环节与浪费；同时，借助大数据分析和预测技术，智慧物流能够更精准地实现库存规划和控制，保持合理的库存水平。最后，市场的不确定性因素，如需求波动、突发事件（如自然灾害、公共卫生事件等），也推动了智慧物流的发展，智慧物流依靠强大的数据分析和灵活的应对机制，能够更好地应对各类不确定性挑战。

2.2.4　竞争推动是智慧物流发展的重要原因

随着市场开放的不断扩大，国外物流企业逐渐进入我国市场，抢占了国内市场份额，给国内物流企业发展带来了巨大冲击。同时，随着物流业的不断发展，国际物流标准化、信息化和智慧化水平不断提高，而我国物流业的发展相较于国际标准仍存在一定差距，国内企业面临巨大的竞争压力。此外，伴随人口红利的消退、人口老龄化的加剧以及人工智能时代的到来，物流产业逐渐从传统的劳动密集型向技术应用型转变，国内物流企业通过扩大业务范围、增加人员数量和加大设施投资来实现规模效益的传统发展模式，已不再适应市场需求。因此，面对国外先进物流企业的竞争、国际标准的不断提升，以及国内市场的转型需求，推动智慧物流已成为我国物流企业提升市场竞争力、实现可持续发展的必然选择。

2.2.5　生态驱动是智慧物流发展的必然要求

随着社会发展，人们逐渐重视环境污染问题，发展绿色供应链。然而，物流环节中的整合问题依然存在（Sheu et al.，2005），因此亟须构建更加绿色、智慧的物流模式。我国物流业在生态环保方面逐步取得进展，智慧物流的崛起便是这一趋势的体现。相比传统物流，智慧物流通过新技术和新方法的应用，更能实现资源节约和生态保护。在资源节约方面，智慧物流通过优化仓储管理，包括仓库的选址、布局和数量配置，实现了仓库建设的合理化，减少了土地资源的浪费。在交通运输环节，智慧物流能够优化运输方式、工具和路线安排，提升运输工具的装载率，减少不必要的出行，从而降低能源消耗和空间资源的浪费。在生态保护方面，智慧物流通过路径优化减少运输工具的使用频率，降低尾气、噪声、震动、尘土及废机油等对大气、道路和海洋等环境的污染。在库存管理方面，智慧物流对货物的库存和安全进行智能化监控，降低火灾等突发事件对环境和生命的威胁。在包装与加工环节，智慧物流根据货物的类别、重量、体积和形状设计合理的包装材料和加工流程，并对包装物进行回收利用，减少包装物对环境的污染。

2.3　智慧物流的发展趋势

在政策、市场需求、竞争压力、技术进步和生态环境等多重因素的驱动下，智慧物流的规模逐步扩大。根据前瞻产业研究院的统计数据，2013～2018 年，我国智慧物流市场规模从 1452 亿元增长至 4070 亿元，展现出巨大的发展潜力。基于相关理论和驱动因素，对我国智慧物流的发展趋势进行如下总结和分析。

2.3.1　物流作业智能化

智慧物流技术的广泛开发与创新，推动了大数据、区块链、物联网、人工智能、云计算以及互联网等技术在物流领域的深入应用。这些智能技术被广泛应用于物流智能硬件和软件的建设中，为物流作业提供了智能化支持。诸如京东物流、菜鸟物流、顺丰速运等物流企业，积极研发采用先进物流技术，进行大规模智能物流设施的建设，推动了物流作业的智能化转型。这些智能化作业包括仓储、运输、配送、包装、装卸搬运以及物流信息处理等多个环节。在仓储作业中，通过机器人或输送系统将货物送至拣选人员面前，有效减少人员行走距离和作业时间，同时利用堆垛机等设备实现货物的自动存取，从而提升仓储空间的利用率和作业效率。在运输作业中，智能算法能够优化运输路线，综合考虑交通状况和道路限制等因素，以降低运输成本和时间；同时，通过网络设备和卫星定位技术，可以对运输过程中的车辆位置、货物状态以及驾驶行为进行实时监控和预警。在配送作业中，无人机配送以及智能快递柜的普及将进一步提升配送效率；在装卸搬运作业中，工业机器人的应用范围正在逐步扩大。此外，在物流信息处理中，订单管理的智能化已经逐步实现，并借助大数据和人工智能技术对物流数据进行深度分析，为物流决策提供科学依据。未来，随着智能物流技术的持续创新，物流作业的智能化将成为智慧物流发展的必然趋势，并在推动物流产业效率提升和服务优化方面发挥关键作用。

2.3.2 物流资源共享化

互联网技术的广泛渗透促成了"互联网＋行业"的商业服务模式，例如"互联网＋物流"，推动了物流企业间的资源共享及物流业与社会各界的协同合作。资源共享逐渐成为智慧物流发展的核心内容。未来随着共享经济的持续深化发展，物流企业不断追求资源消耗最小化和客户体验最佳化，实现信息、设备、设施、人员等物流资源的多方共享，将成为智慧物流发展的必然趋势，有助于提高物流企业的智慧化水平。多方共享可细分为仓储设施共享、运输工具共享、物流信息共享、人力资源共享、物流设备共享、物流园区共享和物流技术共享等。在物流信息共享方面，不同物流企业可尝试将物流信息上传至统一数据平台，实现物流信息互联互通，便于各方获取准确的物流数据，如货物位置和运输状态等。在物流园区共享方面，多个物流企业可共同入驻同一园区，共享基础设施、配套服务和优惠政策，从而形成产业集聚效应。技术共享方面，物流企业可以联合研发和推广新物流技术，进一步推动智慧物流的发展。

2.3.3 物流服务智慧化

物流业贯穿于物品生产、货物流通和商品消费等各类社会活动中，其服务内容与各类生活场景相融合，以满足日益多样化的物流需求。在新兴技术助推下，物流企业能够为客户提供个性化定制、物流规划设计、货物实时追踪、业务咨询、线路优化、仓储管理、智能客服和售后支持等多元化服务。具体而言，企业可根据客户的特定需求、业务特点和消费习惯，定制专属物流解决方案，包括运输方式、配送时间、包装形式等要素；通过手机应用或网页实时获取货物位置、运输状态和预计到达时间，实现全程可视化追踪；并利用自然语言处理和智能机器人技术提供在线客服服务，快速且准确地解答客户问题。当遇到售后问题时，智能系统还能自动分析并提出合理解决方案。随着客户对个性化、即时性、碎片化和安全性等物流服务需求的转变，物流企业依托先进技术和现代管理模式，不断推出智慧化服务，以提升自身竞争力，并回应智慧物流发展的新要求。

2.4 本章小结

本章从智慧物流的相关理论、发展动因和发展趋势三个方面展开论述，全面分析了智慧物流的发展背景及趋势，为后续章节的深入研究奠定基础。首先，从智慧地球、智慧城市和智慧供应链三个理论出发，梳理了它们与智慧物流之间的关系，表明四者相互关联、相互促进。其次，从政策引导、技术支持、需求拉动、竞争推动和生态驱动五个角度，分析了我国智慧物流的兴起原因。最后，从物流作业智能化、物流资源共享化和物流服务智慧化三个方面探讨了我国智慧物流的发展趋势。

第 3 章

应急物流管理理论及发展

3.1 应急管理的相关理论

应急管理是指政府及其他公共机构在突发事件的预防、应对、处置和恢复等各阶段，通过构建必要的应对机制，采取一系列科学、技术、规划和管理手段，确保公众生命、健康和财产安全，推动社会和谐、健康发展的相关活动。针对不同时期应急管理的需求，专家学者也总结了多种适用于应急管理的理论和方法。

3.1.1 综合应急管理理论

"综合应急管理"（comprehensive emergency management，CEM）最早起源于美国的应急管理研究与实践（张海波，2019）。1979

年，美国州长协会在《综合应急管理：州长指南》研究报告中首次提出 CEM 的核心框架，包括全灾害管理、全过程管理和多主体参与。在该构架中，全过程管理作为核心理念，将应急管理看作一个包含减缓、准备、响应和恢复四个阶段的循环系统（Research，1979）。此后，美国成立联邦紧急事务管理署，以 CEM 作为应急管理的理论基础，将应急管理从地方事务上升为联邦政府的职能（May，1985）。"多主体参与"理念反映了美国政府对基层治理加强应急管理的思维转变（Jr. & Streib，2006）。该理念倡导包括地理和虚拟社区在内的各类群体参与应急管理工作，涵盖不同地点、信仰和环境，表明在推进全过程管理的同时，多元参与主体已成为推动应急管理发展的重要因素。

3.1.2　4R 危机管理理论

美国学者罗伯特·希斯（Robert Heath）在其著作《危机管理》中首次提出 4R 危机管理理论。该理论认为，全面的危机管理应贯穿于事前、事中和事后全过程，包括缩减（reduction）、预备（readiness）、反应（response）和恢复（recovery）四个阶段（罗伯特·希斯，2001）。其中，缩减阶段是 4R 危机管理的核心，旨在通过减少风险、缩减资源浪费、提高效率等方式，最大限度地降低危机发生的概率。预备阶段则通过制订危机处理方案、构建预警系统、组建危机管理团队及危机演练培训等措施，以应对潜在危机做好准备并快速恢复秩序。反应阶段指在危机爆发后的紧急处置阶段，包括迅速启动应急预案、执行应急响应措施和开展救援，以控制危机扩散并最大限度地减少人员伤亡和财产损失。恢复阶段则是指在紧急处置结束后，为预防危机扩散带来的次生影响而采取的各种防范举措，如事故评估、经验总结、善后赔偿和重建计划等。

3.1.3 有准备的社区理论

澳大利亚联邦政府应急管理署提出的"有准备的社区"理论旨在指导地方社区制定有效应的应急预案，以应对紧急情况（胡重明，2015）。该理论的核心思想基于政府资源的有限性，鼓励社区在灾害发生前通过自我准备与协作，减少对政府救援的过度依赖，从而降低潜在损失。从自助能力的角度看，紧急情况发生时，个人和社区能够在专业救援队伍到达前，通过信息传递、共享储备资源等措施取得有效的自救成效。社区应在城市灾害中成为主要应对者，而非单纯的受害者。有准备的社区需充分动员内部资源，发挥潜力和解决问题的能力，在应急管理中扮演主导角色。从参与主体的角度分析，有准备的社区理论认为社区自身、社会组织（如志愿者）及地方政府是应对紧急事态的三大主体。在政府救援未能及时介入时，社区能够通过风险识别、信息通报、自我保护及相互援助等方式采取防范措施。志愿者在突发事件中通常发挥关键支援作用，协助政府为受灾者提供救援与服务。地方政府则负责统筹领导，通过制定应急预案、举办社区教育活动、指导灾后恢复等措施，促进社区安全管理的实施。

3.1.4　生命周期理论

美国哈佛大学教授拉里·格雷纳（Larry E. Greiner）提出了企业生命周期理论，认为企业的发展过程类似于生物有机体的生命周期，经历从诞生、成长、壮大到衰退、死亡的过程，对于企业来说，这一生命周期包括创业、成长、成熟以及衰退等阶段。

应急管理所针对的自然灾害、事故灾难、公共卫生事件、社会安全事件等突发事件也呈现出类似的生命周期，可分为潜伏、爆发、蔓延和消亡四个阶段。基于生命周期理论，在事件潜伏阶段，应注重预防和准备，强化风险识别、评估及管控，完善应急救援机制，落实物资储备，并制定和演练应急预案。在事件爆发和蔓延阶段，应及时响应，防止事态进一步扩散或次生灾害发生，并开展有效救援。在事件消亡阶段，做好恢复工作，包括现场清理、灾后重建、预案修订和救援评估等措施（赵一归，2021）。

3.1.5　风险管理理论

早期的风险研究主要集中在保险行业，但随着社会经济的发展，风险涉及的领域和类型逐渐多样化。风险管理指的是管理主体通过有效组织和利用各种资源，结合多种管理手段，来预防不安全事件的发生并减少其危害，以实现安全目标的过程。管理安全即是管理风险，管理应急更是管理风险，这已成为应急管理工作的共识。加强风险的识别与分析,深入探索类似突发公共卫生事件的原因,全面识别其潜在风险因素,系统分析风险因素与不安全事件之间的关系,是应急管理的关键。科学开展风险评估需考虑各风险因素与突发事件的相互作用,并结合风险可接受准则,采用定量和定性相结合的方法综合判断风险容忍度。在风险评价的基础上,根据风险大小及其对突发事件的影响程度实施控制策略,以降低突发事件发生的概率及其可能造成的影响(赵一归,2021)。

3.1.6 突发公共卫生事件

突发公共卫生事件是指在一定范围内突然发生并对公共卫生安全构成严重危害、需要立即采取应急管理措施的事件,如传染病暴发、化学品泄漏等(徐辉,2023)。其主要特征包括突发性、传染性、跨地域性以及可能引发社会恐慌等。根据 2021 年 2 月 19 日实施的《国家突发公共卫生事件应急预案》,突发公共卫生事件根据性质、危害程度和影响范围可分为特别重大(Ⅰ级)、重大(Ⅱ级)、较大(Ⅲ级)和一般(Ⅳ级)四个级别。这类事件对应急供应链带来多重挑战,包括生产环节受限、供应连续性受威胁、库存管理难度增加以及人力资源短缺等问题。应急管理工作是指政府、组织或个人依据应急预案采取的一系列指挥、调度、协调和控制措施,旨在减少灾害损失、保障公共安全、维护社会秩序和经济稳定。相关理论基础包括公共卫生理论、灾害学理论和风险管理理论。公共卫生理论通过研究疾病传播规律及预防控制措施，为突发事件应急管理提供科学依据；灾害学则涵盖灾害分类、特点、发生规律及其防范、救援和恢复重建，为突发公共卫生事件的灾害评估、应急预案制定和应急响应提供理论支持。风险管理理论则侧重风险的辨识、评估、控制和监测，为突发公共卫生事件的风险评估和应急决策提供方法论指导。

3.2 应急物流管理体系

应急物流管理体系是一套旨在突发事件发生时高效、快速、准确地组织和分配物流资源的综合管理架构与运行机制，确保救援物资、生活必需品等资源的及时供应。该体系涵盖应急物流的组织架构、指挥协调机制、信息管理系统、物资储备与调配策略及风险管理等方面。

（1）组织架构。

应急物流的组织架构包括多个关键部门。应急物流指挥中心作为最高指挥机构，负责制定应急物流策略、协调资源和指挥救援；应急物资筹备中心负责物资的储备、管理和分发，以确保在突发事件中迅速高效地到达指定地点；应急运输队伍由专业物流公司及志愿者团队组成，负责物资和人员的现场运输；应急救援队伍开展现场救援，包括搜救、医疗救护及物资分发；信息与通信中心负责采集和传递相关信息，如物资需求、运输进度和灾区情况；后勤支持部门提供食物、水、住宿、医疗等后勤保障。

（2）指挥协调机制。

指挥协调机制包括明确职责、统一指挥、实时监控、资源共享和应急预案演练。首先，确立明确的职责分工和统一的指挥中心以避免资源浪费。其次，建立高效沟通渠道，通过语音通信、电子邮件、卫星、无人机和移动通信等技术手段实时监控应急进展，及时调整应对策略。再次，制定详细的应急预案并定期演练，以提高各部门的协同作战能力。最后，针对应急响应效果进行评估与反馈，持续优化指挥协调机制。

（3）信息管理系统。

应急物流信息管理系统用于信息的收集、处理、存储和传递，包含数据采集与监控，信息处理与分析、通信与协调、系统集成与兼容性，以及信息安全与隐私保护等功能。该系统能够实时监控灾区情况、优化运输路线及调度救援队伍。系统需要确保与其他救援平台的信息互通，并采取安全措施以防数据泄露和未经授权的访问。

（4）物资储备与调配策略。

物资储备与调配策略的关键在于突发事件中的快递、有效资源调配。策略包括多样化储备、动态储备、临近储备和共享储备模式。通过优先级排序，根据灾情严重程度和救援需求对物资进行优先调配，确保关键物资的及时供应。

（5）风险管理。

应急物流的风险管理通过识别、评估、控制及应对潜在风险，保障应急物流的高效、安全和可靠。应急物流管理措施包括风险评估、制定风险应对策略、建立监控与预警系统，以及定期演练与培训，以提升团队的响应能力和风险意识。

3.3 应急物流管理发展

1915 年，美国营销学家阿奇·萧（Archibald W. Little）在其著作《市场流通中的若干问题》中首次提出了"物流"（physical distribution，PD）这一概念，定义其为一个独立于需求创造的问题，强调了物资在时间和空间的转移中所产生的附加价值，这一观点被视为物流概念的起源。1935 年，美国市场营销协会（American Marketing Association，AMA）正式定义了物流，认为它是销售活动中伴随的物质资料从产地到消费地的相关企业活动和服务过程。此后，物流概念逐渐被广泛接受，并在 20 世纪五六十年代，随着第三次产业革命的到来而得到进一步发展。1964 年，日本物流协会（Japan Logistics Association，JLA）率先在日本推广"物流"概念。1998 年，美国物流管理协会（Council of Logistics Management，CLM）将物流定义为供应链流程的一部分，即为了满足客户需求，对商品、服务及相关信息从原产地到消费地的正向和反向流动及存储进行高效规划、实施和控制过程（刘志学等，2004）。中国国家标准则定义物流为物品从供应地向接收地的实体流动过程，包括运输、存储、装卸、搬运、包装、流通加工、配送和信息处理等功能的有机结合（GB/T 18354—2006，2001）。基于此，物流管理的核心在于对物流各环节的计划、组织、协调与控制，其对象是货物流动过程，而非货物本身。该流动过程有两种状态：一是运动状态，即货物处于运输过程；二是静止状态，即货物处于存储过程（刘志学等，2004）。物流与供应链密不可分，贯穿供应链全程，是企业间相互合作的纽带（肖艳等，2001）。随着经济全球化的深入，企业越加重视供应链中的物流管理，将其上升到战略高度。供应链物流管理不仅是企业当前的管理任务，更是长远发展的战略规划。未来的企业竞争将表现为供应链之间的竞争，因此，企业应高度重视供应链物流管理，积极推动与其他企业形成物流战略联盟（骆宏，2012）。

随着自然灾害、事故灾难及突发公共卫生事件的频繁发生，灾区（患区）在物资筹备、运输、分配和供应过程中面临着诸多阻碍，其影响也逐渐超越国家或地区的界限。传统物流模式难以满足灾区（患区）对物资的及时需求，因此相应的物流管理模式逐渐引起专家学者的关注。1984 年，肯博尔和斯蒂芬森（Kemball - Cook & Stephenson，1984）提出在救援物资调运中应当采用特殊的物流管理方法，以提高救援物资的运输效率，这被认为是应急物流概念的首次应用。1992 年，卡特（Carter）在《灾害应急管理手册》中，通过对东南亚和太平洋地区自然灾害进行研究，指出灾害暴发后，政府应迅速采取有效措施，将救灾物资合理分类和管理，以尽快将其配送到最需要的地点，这是对应急物流内涵的早期描述（李创，2013）。2006 年，《国家标准物流术语》将应急物流定义为针对潜在突发事件提前制定预案，并在事件发生时迅速实施的物流活动（GB/T 18354—2006，2006）。综上所述，结合物流管理及应急物流的发展历程，应急物流管理可定义为,在突发事件中,通过应急物流系统的整体运作和组织协调,及时、高效地满足应急物资需求,从而降低突发事件带来的危害和损失(陈慧,2014)。

3.4 应急智慧供应链

本节将应急物流的概念扩展到应急智慧供应链,并将其主体划分为五个关键节点:协同节点、供应节点、仓储节点、运输节点和需求节点,其中前四者是突发公共卫生事件中的应急主体。协同节点在整个应急智慧供应链中承担核心职责,负责协调和整合各节点的信息和资源,确保各环节间的高效协同。供应节点主要负责各类物资和产品的订购、生产和供应,以满足需求节点的实际需求。仓储节点承担物资的储存和管理,确保库存充足合理,并能够及时响应应急需求。运输节点负责物资在供应链上的流动,包括运输的计划、调度和执行,以确保物资迅速、安全地到达需求节点。突发公共卫生事件下应急智慧供应链网络结构如图3-1所示。

3.4.1 协同节点

协同节点作为应急智慧供应链的重要组成部分,集中协调了政府及其他组织的应急管理中心。在突发公共卫生事件的特殊情景下,协同节点的核心优势体现在其灵活的供应链策略制定、节

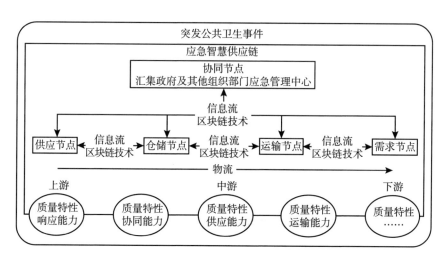

图 3 - 1　突发公共卫生事件下应急智慧供应链网络结构

点和信息的高效管理，以及物流和库存的即时监控与动态调整。
这些优势使协同节点在应急情况下能够高效、迅速地协调各方资
源，确保供应链的稳定运作。协同节点不仅负责节点间的信息流
协调，还与各部门紧密合作，监督供应链的整体运作。在事件初
期，协同节点需制定灵活的供应链策略，确保储备方案和应急计
划能够适应动态变化的环境，包括创新订购渠道和多元化供应商
选择等方面。协同节点从需求端获取实时信息，统筹总需求，并
整合急需的医疗物资和防护用品等资源；同时，协同节点与供应
端保持紧密协作，确保物资的稳定供应，如对保供企业的信息管
理。协同节点还与仓储节点密切配合，掌握库存状态，确保库存充
足，并在需求增加时快速补充库存。此外，协同节点与运输部门紧
密联系，实时监控运输进程，以确保物资在紧急情况下快速响应
并准确送达。综合而言，协同节点在应急智慧供应链中发挥着战

略性关键角色，凭借卓越的协同能力，使供应链在应急状态下更加灵活高效地响应各方需求，从而提高供应链的整体韧性。

3.4.2　供应节点

在突发公共卫生事件中，供应节点成员包括上游生产及加工企业、保供企业等，其主要任务是通过多渠道整合居民生活必需品等应急物资，确保物资供应充足。为保障物资来源的多样性和广泛性，供应节点采用政府保供、社区团购、社会捐赠等多元化物资筹集方式，积极配合政府的应急物资筹备工作，关注政府政策发布，及时调整生产与储备计划，保持与政府指导方针的一致性，并协同应对潜在风险。供应节点与社区合作，采用团购模式直接满足居民需求，以提高物资配送效率，提升社区居民对应急智慧供应链的信任感。在管理社会捐赠时，供应节点使用透明的捐赠管理系统，确保捐赠物资的高效、公平分配，包括及时登记和核实捐赠物资，保证其符合质量标准。此外，供应节点需强化数据分析与风险评估，提前预测物资短缺或需求增长趋势，以更好地应对潜在风险，并采取适当的补充措施。

3.4.3　仓储节点

仓储节点包括物资储备仓、物资前置仓等多个组成部分。在突发公共卫生事件中，仓储节点不仅承担传统的物资储存和管理职能，还需灵活应对快速波动的库存需求。其首要任务是以安全、有序的方式进行物资管理，全面监控物资的质量、数量和有效期等关键指标。突发事件中，对物资质量的要求尤为严格，因而需借助物联网、大数据分析等先进信息技术，实现对库存的实时监控和管理，确保物资在储存期间保持高质量。与此同时，仓储节点需要通过高效的应急物资调配机制，灵活调整库存，优先满足紧急需求。在库存布局方面，仓储节点需结合风险区和供应链的综合分析，优化库存配置，合理规划应急物资的储存位置，并充分考虑不同地区的需求特点，以快速调整物资的存储和配送方案，确保在最短时间内满足多方需求。

3.4.4　运输节点

运输节点在应急物流中承担着将物资从上游节点运送至需求节点的关键任务，其主要参与者包括物流企业、集装箱运输司机及配送员等。其核心职责是制订紧急运输计划，合理调配资源，以保证运力充足。在应急情况下，政府部门可能会实施临时交通管制，因此在运输节点需密切关注政策动态，灵活调整运输路线，确保应急物资能够进入交通限制区域并送达需求点。为提高运输效率和应对突发情况，运输节点利用北斗导航、全球定位系统和地理信息系统等智能技术，实现对车辆行驶轨迹和实时状态的监控。此类实时监管系统不仅有助于及时掌握交通状况的变化，还为路径优化提供有力支持。通过对实时数据的分析，运输节点能够选择最佳运输路径，避开拥堵区域，缩短运输时间，从而有效提升运输效率。

3.4.5 需求节点

需求节点主要指风险区内的物资需求单位或个人负责准确识别所需物资、及时反馈紧急需求，并管理物资的接收与分发。首先，需求节点应明确定位所在的风险区域，精准识别所需物资的种类和数量，并对当前状况进行分析以判断紧急需求。其次，通过高效的沟通渠道，需求节点能够迅速汇总并传达紧急需求信息给上游的仓储和运输节点。该及时反馈机制不仅使得上游节点能够快速响应，而且有利于激发需求节点所在社区内的自我救援能力。最后，需求节点负责物资的接收与分发，需要具备高效的物资管理和分发能力。为提高分发效率和准确性，需求节点可利用智能配送系统，并引入自动化设备辅助管理。

3.5 本章小结

本章首先介绍了应急管理的基础理论知识；随后阐述了应急物流管理的相关管理体系；接着梳理了国内外应急物流管理的发展历程，并列举了国内应急物流管理的实际案例；最后，分析了应急智慧供应链网络结构中各节点的组成成员及其工作职能。

第4章

智慧应急物流模式设计

物流企业是推动我国智慧物流发展的主力军，其智慧化水平的提升有助于推动我国智慧物流的健康发展。本章将在前文研究基础上，以提升物流企业智慧化水平为目标，分析其应具备的智慧化功能。在此基础上，归纳总结实现这些功能所需的关键技术。最后，以关键技术为支撑，针对物流企业进行智慧化运行模式设计，旨在提升物流企业的智慧化水平。

4.1　智慧化功能分析

本节所提出的智慧化功能，主要指物流企业在实现物流系统基本功能（包括运输、仓储、包装、装卸搬运、流通加工、配送、物流信息管理）的前提下，对这七大基本功能的综合提升，以适应时代发展和市场变化，从而满足客户多样化和个性化需求的创新性功能。结合我国智慧物流的发展动因和趋势，本节将从以下几个方面分析物流企业智慧化发展的关键功能。

4.1.1　物流供需智慧化匹配

物流供需智慧化匹配是指物流企业通过技术手段，提高物流需求预测精准性，以实现物流供需双方智能匹配的功能。在电商行业快速发展、需求多样化等背景下，物流企业要精准地预测物流需求显得更为复杂。需要充分利用物流技术创新，对历史物流数据进行分析、对潜在物流数据进行挖掘，通过历史分析和潜在挖掘得到有价值的信息，利用这些信息对物流需求进行精准预测。同时，物流企业要积极建设物流信息系统，打通供需双方沟通渠道，通过信息系统智能匹配，保持物流供需双方的平衡状态。

4.1.2　物流信息智慧化共享

物流信息智慧化共享是指物流企业对内外部与物流发展相关的所有信息，如物流信息、政策信息、市场信息，进行实时共享的功能。物流信息贯穿整个物流系统，发挥着重要作用，尤其是随着大数据和云计算技术的不断发展与应用，信息的重要性越发凸显（马述忠等，2020）。物流企业应该通过现代信息通信技术，搭建物流信息共享平台，囊括政企多方信息主体，为物流需求客户提供物流资源实时更新、市场变化实时监测、政策导向及时关注等物流信息多方位共享服务。

4.1.3　物流安全智慧化管控

物流安全智慧化管控是指物流企业对物品、人员、信息及资金的全面管理，实现物流各环节的安全保障功能。在物品和人员管理方面，物流企业应对人员和物品状态进行实时监控，实现员工作业和货物流通过程的完全可视化与可控性，尤其是在食品、药品、危险品的流通过程中强化监控。在信息安全方面，物流企业需加强网络安全技术，确保企业、客户和货物的相关信息得到高度保密。在资金管理方面，企业应构建专门的资金交易渠道，强化资金交易过程的安全监控与防护，以确保企业和客户之间资金交易安全可靠。

4.1.4　物流生态智慧化保护

物流生态智慧化保护是指物流企业运用智能技术手段，整合物流资源并减少环境污染，包括物流运营优化及逆向物流管理两个方面。物流运营优化主要指在货物流通过程中，通过建立智能化仓储管理和运输配送方案设计，对运输、配送、分拣等环节实现自学习和自适应，从而优化货物的存放、流通加工、装卸搬运和运输配送等作业，实现物流整体运营的优化。逆向物流管理则指物流企业在物流包装物的回收和退货处理方面实施相应策略，以减少环境污染和成本超额等问题。

4.2 关键技术分析

通过文献研读和行业分析可知，当前智慧物流发展的关键技术主要包括大数据、区块链、物联网和云计算等。本节将总结这些技术在物流企业中的实际应用特点，并从以下方面分析其在提升智慧化水平中的关键作用。

4.2.1 自动识别技术

自动识别技术指物流企业应用到的条码识别、射频识别（radiofrequency identification，RFID）、图像识别等物联网技术，广泛应用于运输配送、仓储包装、装卸搬运、流通加工等环节，以及车辆、货架、集装箱、托盘等作业工具上，以实现物流信息的存储和采集。其中，条码识别技术具备经济实惠、可靠灵活、简单易制等优点，应用范围广泛。RFID技术具有可重复读写、抗污染性强等特点，已逐步应用于物流作业环节。图像识别技术则可应用于识别物品形状，从而使物品包装和流通加工更加合理化。

4.2.2 定位监管技术

定位监管技术是物流企业在作业过程中广泛使用的全球定位

系统（global positioning system，GPS）、北斗定位系统（Beidou navigation satellite system，BDS）和地理信息系统（geographic information system，GIS）等定位监控技术，主要应用于运输和配送环节，为物流企业的运营优化和信息共享提供技术支持。GPS 和 BDS 技术通过提供精准的定位服务，帮助物流企业优化路径和选择运输工具；而 GIS 技术则通过地理环境信息提醒企业外部环境的变化，例如交通状况和气候条件，以便企业根据实际情况调整运输和配送策略，从而实现更智能化的运输配送服务。

4.2.3　智能传感技术

智能传感技术指物流企业应用多种智能传感器来提升运营管理的精度与安全性，常用的传感器包括温湿度传感器、红外传感器和气体传感器。温湿度传感器主要用在冷链物流领域，例如，在仓库和运输设备上安装温湿度传感器，可以实时监测果蔬存储环境的温湿度，以便及时调节。红外传感器通常指红外摄像头，主要安装在仓库、运输车辆及其他物流作业区域内，对作业过程中人员和物品的状态进行实时监控。气体传感器则常用于仓库、堆场和货车等货物密集区域；在火灾发生时，气体传感器可以感应到火灾产生的气体浓度，继而通过处理器自行启动灭火装置。

4.2.4　信息处理技术

信息处理技术指物流企业综合运用大数据与云计算对信息进

行处理分析的技术。物流信息通常通过物联网技术采集，数据来源多样且复杂，云计算可以有效储存、处理和利用这些数据（郭朝先和胡雨朦，2019）。大数据则可以高速捕捉、发现和分析大量多样化的数据，以经济高效的方式提取其价值（张东霞等，2015）。将云计算和大数据技术应用于仓储、运输、配送等环节的信息处理和分析，为货物仓储布局、运输路线优化、配送方案安排等提供智能决策，从而实现智慧物流的供需匹配、运营优化和生态保护。

4.2.5　信息安全技术

信息安全技术指对物流环节中产生的所有信息进行安全保障的技术，主要包括区块链、数据安全协议和密码学等。区块链具有开放性、自治性、匿名性、去中心化及信息不可篡改性等优点，能有效解决网络信息不对称的问题（范忠宝等，2018），在物流领域的开发应用可实现智慧物流信息的安全、公开与透明共享。同时，数据安全协议与密码学等信息安全技术可以加大物流企业内外信息共享过程中的安全保障力度，为物流信息的安全管理提供有力支撑。

4.3　"智慧塔"模式的设计

本节基于物联网的层级架构，包括感知层、接入层、网络层、管理层和应用层，结合各类关键技术的特点和功能，设计了一种适用于物流企业的"塔状"智慧化运行模式，即"智慧塔"（王毅等，2019）。"智慧塔"以物联网、云计算、大数据、人工智能及区块链等关键技术为设计基础，通过物流信息的采集、处理及应用等逐层递进的方式，以实现物流企业各作业环节智慧化操作。总体上，该模式分为智能感知层、信息共享层、综合平台层及信息安全链的"三层一链"结构。具体如图 4 - 1 所示。

4.3.1　智能感知层

智能感知层的关键技术主要包括自动识别技术、定位监管技术、智能传感技术等物联网领域的相关技术，能够有效地采集物流信息，类似于人体中的五官和四肢等感觉器官的作用。条码识别、RFID 等技术用于读取和存储物流环节中货物、设施设备、人员等对象产生的信息；GPS、BDS、GIS 等技术则负责追踪运输工具的状态和位置，并对其所面临的地理环境和天气状况进行监测，从而在动态变化中为运输配送路线和工具的选择提供优化支持；多种传感器对物流作业中涉及对象的安全状态进行感知并上传相关信息。智能感知层是实现物流企业智慧化功能的重要基础支撑层，通过提供可靠的信息资源，不仅能提升供需匹配的成功率，还能强化信息共享功能的沟通效率，确保安全管理中人财物信的安全，并促进物流生态保护功能中资源整合及废物回收等内容的实现。

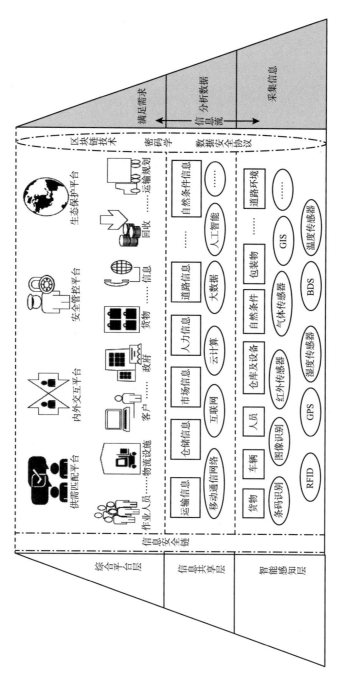

图4-1 物流企业"智慧塔"运行模式

4.3.2　信息共享层

信息共享层是信息处理与双向传递的中间层，在智能感知层采集的大量物流信息基础上，运用大数据与云计算等信息处理技术对数据进行分析处理。经过分析得到有价值的数据后，通过多种通信网络技术将其传递至综合平台层，同时将综合平台层的反馈信息传递至智能感知层，类似于信息系统的"神经中枢"。对于仓储、运输、配送等物流环节产生的海量物流数据，以及市场环境和自然环境的各种信息，信息共享层采用云计算技术进行存储和初步处理，采用大数据技术深入挖掘分析，并借助人工智能算法进行学习和优化，为物资库存管理、运输路线优化和配送方案选择提供智能决策支持，从而提升物流企业的智慧化运作水平。

4.3.3　综合平台层

综合平台层利用信息共享层传来的有效数据对物流活动进行科学管理，同时利用信息共享层反馈其管理效果，使智能感知层及时更新上传信息。整个综合平台层相当于管理各种行为反射的人体大脑，集中体现了物流企业智慧化的核心功能，是提供各种智慧化物流服务的平台。具体而言，供需匹配平台为供需双方实现供需平衡提供了沟通渠道，实现物流作业人员、工具及设备等资源的合理匹配，主要实现物流供需匹配功能；内外交互平台是在物流企业、政府相关部门、物流需求企业等社会主体之间搭建信息交流渠道，旨在实现物流信息共享功能；安全管控平台为人、财、物及信息提供安全保护，包括货物追踪、人员监控、资金风险监测和信息安全防控，主要实现物流安全管理功能；生态保护平台则通过资源整合及绿色回收等服务渠道管理物流活动，包括回收、退货等逆向物流管理和运输、仓储作业优化，以减少环境污染和资源浪费，实现物流生态保护的目标。

4.3.4　信息安全链

智能感知层是信息智能采集的基础，信息共享层负责信息的共享处理，而综合平台层是信息的综合应用平台。三个主要层级通过信息流这一重要资源实现互联互通、相辅相成。因此，保障物流信息的安全性至关重要。在该体系架构中，密码学、数据安全协议等技术作为保障物流信息安全的重要基础支撑技术，构建了坚实的信息安全保护屏障；区块链技术则是实现物流信息安全共享的关键，实现信息公开透明并有效防止信息篡改。这些技术共同组成的信息安全链贯穿整个架构，形成对物流信息的全方位保护屏障，如同人体的免疫系统，保障信息安全。

4.4　"智慧塔"模式的平台

"智慧塔"模式从整体系统思维的角度出发，依托智能技术，实现物流作业的智慧化。综合平台层作为智慧化功能的最终实施平台，具体包括供需匹配平台、内外交互平台、安全管控平台和生态保护平台四个主要模块。以下将对这四个核心平台进行详细介绍。

4.4.1　供需匹配平台

供需匹配平台是实现物流业务供需平衡的核心模块，主要由物流企业开发建设，从供应端主动发布供给信息对接物流市场的客户需求。物流企业利用 RFID、条码识别等自动识别技术采集物流资源（如人力、仓储设施和运输工具等）的信息，并将其上传至信息库。信息库基于云计算技术对资源数据进行初步分类处理后，传输给信息处理中心。信息处理中心接收到客户端发出的需求信息后，采用信息库里的资源数据进行大数据分析，生成适配的供给信息。同时，为了满足客户多样化的需求，信息库需要根据信息处理中心收到的需求反馈对资源数据进行实时更新。供需匹配平台的具体流程见图 4-2。

4.4.2　内外交互平台

内外交互平台是实现物流信息共享的关键载体，由政府相关部门和物流企业共同构建，客户积极参与。其中，政府部门将物流业的发展规划、财政支持政策及市场监控等信息实时发布到信息共享系统，使物流企业和客户及时了解政策导向和行

业发展趋势；物流企业将物流服务价格、服务种类等市场信息
实时更新到共享系统，方便客户了解市场环境，选择合适的物
流服务；客户可以将自己的创新需求及对物流服务的反馈信息
上传至共享系统，帮助物流企业识别发展瓶颈并提高服务质量，
同时为政府掌握市场需求、做出科学决策提供支持。具体内容
见图 4 - 3。

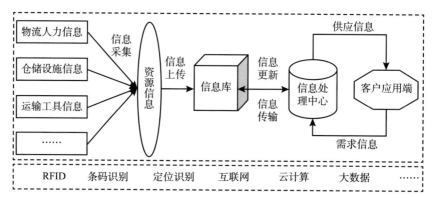

图 4 - 2　供需匹配平台

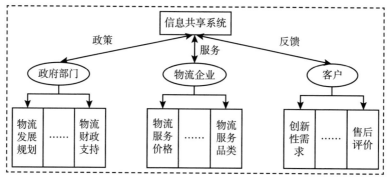

图 4 - 3　内外交互平台

4.4.3 安全管控平台

安全管控平台是物流企业以实现企业内外安全全面发展为目标，对智慧物流中人员、货物、信息和资金进行安全管控的核心平台。人员安全主要是对物流环节中作业人员，包括货车司机、仓管员工等，通过摄像头和传感器等实时观察感应人员作业状态是否异常。货物安全是通过 GPS、自动识别、传感器等技术对货物在运输、仓储过程中的位置路线、存放货位、是否质变等情况进行追踪和监测，为客户提供货物状态实时更新服务。信息安全是应用区块链、防火墙等安全技术对企业内外部信息在采集存储、传输共享等过程中安全问题进行防控。资金安全是保障企业自身和客户资金安全，尤其是线上资金业务，需要通过密码学、数据安全协议等手段对交易渠道、支付方式等方面的风险进行监测。安全管控平台的具体构架如图 4-4 所示。

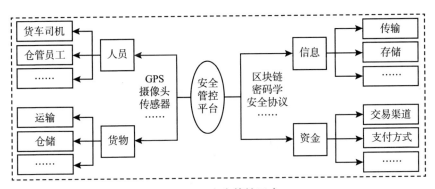

图 4-4 安全管控平台

4.4.4 生态保护平台

生态保护平台体现了物流企业的绿色可持续发展及社会责任感理念的逐渐提升，主要从运营优化和逆向物流两个模块考虑。运营优化模块重点考虑运输和仓储两个物流环节，通过智能技术优化运输的方式、路径和工具以及对仓储的布局、选址和选择的设备，减少尾气、噪声等对环境的污染，同时提高空间利用率。逆向物流模块关注物流包装物的回收及客户退换货的管理。通过内外交互平台，达成政企客三方协作，实现包装物绿色回收并二次利用，减少塑料等垃圾对环境的影响。客户退换货可以通过供需匹配平台匹配新的客户需求，实现就近再售，较少货物回流现象。生态保护平台的详细构架见图 4-5。

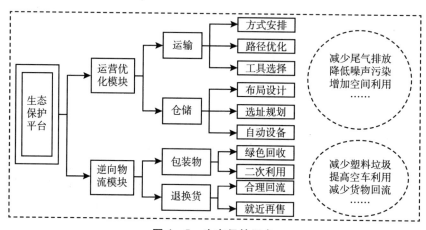

图 4-5 生态保护平台

4.5 应对突发公共卫生事件的"智慧塔"应急物流模式

21 世纪以来，世界各地的突发公共卫生事件频繁发生，如 2003 年的"非典"事件、2009 年的甲型流感病毒 H1N1、2014 年的埃博拉病毒，以及新型冠状病毒疫情。这些突发公共卫生事件不仅给人类的生命安全带来极大威胁，而且对社会造成严重的经济损失。例如，2014 年的埃博拉病毒，死亡病例超过 1.13 万人，确诊及疑似感染病例超过 2.85 万人，造成的经济损失超过 350 亿美元（刘明等，2020）。面对频发的突发公共卫生事件，应急物流通过快速供应药品、食品等必要物资可以拯救生命和减轻损失（Wang & Wang，2019）。然而，在新冠疫情防控过程中暴露出传统人工应对方式在应急管理中已是力不从心（渠慎宁和杨丹辉，2020）。我国应急物流也暴露出一系列问题，包括效率低下、供需脱节、捐赠物资管理不完善和响应延迟等（李旭东等，2020），亟须建设更加智慧化的应急物流模式。本节在分析突发公共卫生事件对应急物流需求的基础上，利用智能化物流运作手段，探讨智慧化的应急物流模式构建问题。区别于已有文献，本节重点探讨如何在突发公共卫生事件中构建智慧化的应急物流模式，旨在将智慧物流的先进技术、管理手段和新方法融入应急物流体系中。研究的核心目标在于满足突发事件下应急物流的功能需求，深入剖析关键流程和技术要点，整体构建应急物流模式的架构。此外，以应急物资和人员为对象，具体分析该架构下应急物流的智慧运作流程，力图推进我国应急物流模式的智慧化建设进程，为应对突发公共卫生事件的应急物流管理提供有益参考。

4.5.1 突发公共卫生事件对应急物流功能的需求

突发公共卫生事件具有未知性、突发性、群体性、传染性和协同性等特点（王芃和梁晓峰，2020）。这种事件的未知性要求应急物流具备预防性监测能力，以便及时响应。一旦事件暴发，其突发性、群体性和传染性等特点则要求应急物流能够快速、安全地将物资送达事发地。因此，突发公共卫生事件对应急物流的需求可归纳为以下几个方面。

（1）应急需求预测。

应急需求预测是基于历史事件数据对物资、人员等应急需求进行准确预测，以保障救援工作顺利开展的功能。突发公共卫生事件的未知性凸显了监测的必要性，它是确定是否需采取应急响应及其规模的前提，也是合理调动社会资源和配置卫生资源的基础（曹广文，2004）。因此，开展有效的需求预测是应对突发事件的首要步骤，否则会造成物资供不应求的困境，例如，新冠疫情初期全球医疗物资全面告急的困境。

（2）供需精准匹配。

供需精准匹配是指利用技术手段收集并精准匹配应急物流中人员和物资的供需信息。突发事件的未知性和突发性加剧了供需双方的信息不对称问题，要求应急物流通过供需匹配来提高应急物流效率、解决供需矛盾。否则，将导致应急供需严重失衡，如疫情严重地区"一罩难求"现象和部分捐赠物资堆积的对比，均表明供需信息匹配的缺失可能导致资源浪费和供需矛盾。

（3）物资快速流通。

物资快速流通指突发公共卫生事件发生后，应急物资应在第一时间送达疫区。事件的群体性常导致物资需求激增和需求地增多，应急物流需加快流通。然而，疫情防控期间采取的隔离措施可能导致运输受阻，限制了物流速度。如新冠疫情暴发后，为抑制疫情扩散需要，国内乃至国际众多铁路和航线暂停，地区之间也设置了形形色色的道路关卡，给应急物资输送造成了直接阻碍。因此，为确保灾区能在第一时间获得救援物资，应急物流的快速流通功能尤为关键。

（4）信息实时监督。

信息实时监督指对物资采购、运输、仓储、配送及使用全过程进行实时监督，确保来源可信、保管可靠、去向可查，并借助互联网平台及时发布应急信息。随着公民意识和媒体素养的提高，互联网用户不仅接收信息，而且在公共紧急事件的危机沟通中发挥着重要作用，如表达自己的观点、与他人讨论事件、共享信息等（Xie et al., 2017）。各种社交媒体软件逐渐成为公众对社会各界工作的监督工具，同时也是谣言的滋生地。为保证应急工作的透明与公正，应急物流必须具备信息实时监督功能。否则，谣言传播可能引发恐慌并损害政府形象。

（5）规避传染风险。

规避传染风险是在执行应急任务时确保工作人员生命安全的功能。突发公共卫生事件的传染性要求应急人员在执行任务时避免感染风险。例如，处理带有病毒的废弃物或疫区的逆向物流均可能对工作人员构成威胁。为避免二次传播和扩散，应急物流须具备规避传染风险的功能。

结合信息技术的发展，应急物流功能的实现有赖于智慧物流的应用。智慧物流是利用高新技术和现代管理手段，实现高效率、低成本、智能化运作的配送网络体系（杨代君和钱慧敏，2019），提高了物流系统的分析、决策、执行和自动化水平（Wang et al.，2020）。利用现代化的智慧物流手段，可进一步提升这些功能，助力构建智慧化应急物流模式。

4.5.2 构建应对突发公共卫生事件的"智慧塔"应急物流模式

物流是一个复杂的动态网络系统。应急物流作为特殊情况下的物流活动，其表现更为复杂多变。为了提升应急物流的智慧化水平，本节提出一种基于现代技术的"智慧塔"应急物流模式，以构建智能、高效的应急物流体系。模式的构建需要聚焦关键流程和技术，确保应急物流的快速响应和科学决策。

4.5.2.1 智慧化应急物流模式的关键流程及技术

（1）关键流程。

第一，信息的采集与分析。信息的采集与分析涵盖了应急物资的采购、运输、仓储、配送等环节，以及应急人员的作业行为和行动轨迹等信息，还包括突发公共卫生事件的相关信息。突发事件下的应急物流需要政府、社会力量和公众的协同参与，涉及信息量庞大且内容复杂。有效的信息采集和分析不仅有利于实现物流信息的实时更新和发布，还能提升决策的科学性。

第二，交通协调与规划。交通协调与规划旨在联合各地交通部门制定应急交通法规，并为物资运输和救援人员提供绿色通道。突发公共卫生事件中应急物资的需求量激增，交通系统须具备更高的运力。然而，当前我国高速公路管理由各省、直辖市和自治区的交通和公安部门分别管理，存在跨区域交通法规不统一和多头指挥的问题，这些都成为交通顺畅的阻碍。因此，对应急物流交通的协调规划可以提高应急物流的工作效率。

第三，专业团队配置。在应急物流过程中，组建具备专业物流知识、配有专业设备和人员的团队是提高物流效率的关键。面对突发公共卫生事件，应急物流需不断提升效率，以实现最大的物流效益。专业的物流团队在应急物流作业过程中会比非物流专业机构表现出更强的专业素养，能有效提升整体物流效率。

第四，技术创新应用。技术创新应用主要是推动智慧物流新技术在应急物流中的运用，如运输路线的自动优化和物资的无人配送。由于我国人口众多、地域广阔，传统的人工应对方式信息化程度较低，整体效果不佳，因此亟须通过技术创新提升应急物流的信息化水平。

（2）关键技术。

一是，物联网技术。物联网是一种由传感器、网络和处理技术等智能设备构成的生态系统，能够为终端用户提供智能化的服务环境（Asghari et al.，2018）。在构建智慧化应急物流模式时，物联网技术的应用主要包括识别技术、传感器、RFID 和 GPS 等。这些技术能够有效采集应急物流信息，实现应急物流信息的可视化和传输，从而有助于智慧化应急物流模式的构建。

二是，云计算与大数据。云计算是传统计算机和互联网相结合的产物，是对信息数据进行储存、处理和利用的技术（郭朝先和胡雨朦，2019），而大数据是通过对大量的种类和来源复杂的数据进行高速的捕捉、发现和分析，用经济的方法提取其价值的技术（张东霞等，2015）。因为物联网技术收集的应急物流信息数量大、种类多，且多是杂乱无章的数据信息，所以先需要云计算实现大量原始信息的分布式存储和初步处理，再利用大数据进行深入挖掘获取有价值的资源，为应急物流做出科学决策提供依据。

三是，人工智能。人工智能包含多个子领域，专注于开发执行类人智能任务的算法（Simukayi et al.，2020）。通过设计有效的算法对大量数据资源进行学习和分析，可以提高应急物流的作业效率。此外，针对疫情防控期间"人传人"的特点，人工智能领域的智能机器人可以实现应急物资的无人化运输和配送。因此，人工智能领域的算法和机器人等技术将被应用到智慧化应急物流模式的构建中。

四是，区块链。区块链是一种共享、分布式、同步化的账簿，可以促进业务网络中交易记录和资产跟踪（Drljevic et al.，2020）。由于其去中心化、信息不可篡改、开放、自治和匿名等特性，区块链技术在解决网络信息不对称问题上表现出显著优势（范忠宝等，2018）。在应急物资流通过程中，区块链可以将捐赠者、制造商、政府、医院、慈善机构及社区等各相关方实时连接，实现应急物流信息的实时更新和共享，共同承担监督与审核责任。

4.5.2.2 "智慧塔"应急物流模式的架构

根据 4.3 节中的"智慧塔"模式，本小节将应急物流的智慧化运行架构设计为应对突发公共卫生事件的目标。整体架构分为感知联动层、信息系统层、应急管理层三层，并辅以信息安全链，形成"三层一链"的特殊架构，如图 4 - 6 所示。

（1）"智慧塔"应急物流模式的感知联动层。

感知联动层作为应急物流信息的主要采集层，类似于人体的五官和四肢等感觉器官，其关键技术包括 RFID、GPS、GIS 和传感器等物联网技术。RFID 技术用于记录应急物资在仓储、包装、装卸搬运、流通加工等物流环节中的信息，同时承载物资、货架、车辆、人员等应急物流对象的信息。GPS 与 BDS 则用于实时监控车辆状态和位置，并结合 GIS 观测地理环境和天气条件，优化运输配送路线和工具。各类传感器对货物和人员的安全状态进行监测与信息传达，例如仓库温度调节、火灾监控和人体温度检测等，以避免意外事故的发生。感知联动层通过物联网技术采集的数据，为"智慧塔"应急物流模式提供了必要的信息资源支持。

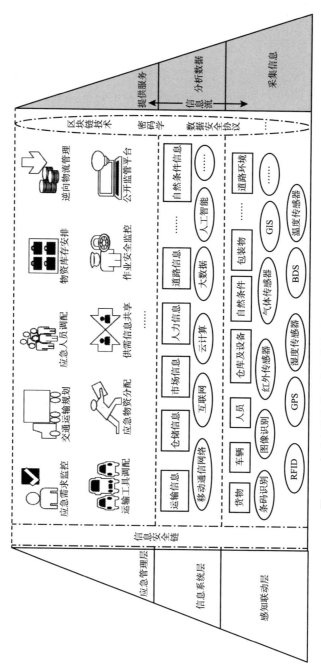

图4-6 应对突发公共卫生事件的"智慧塔"应急物流模式的架构

（2）"智慧塔"应急物流模式的信息系统层。

信息系统层位于信息处理及双向传递的中间层级，相当于人体神经中枢及大脑。该层对应急物流信息进行分析处理，通过各种通信网络将处理后的信息传递给应急管理层，同时将应急管理层的反馈信息传输给感知联动层。其核心技术包括大数据、云计算和人工智能等。仓储、运输、配送等物流环节产生的信息，以及市场环境和自然环境产生的多样数据，经由云计算技术进行存储和初步处理、再通过大数据技术进行深入分析，并借助人工智能算法进行学习，为物资库存管理、运输路线优化和配送方案选择提供智能决策支持，为"智慧塔"应急物流模式的智能化运作提供强大的信息处理能力。

（3）"智慧塔"应急物流模式的应急管理层。

应急管理层通过信息系统层提供的有效数据进行应急物流活动的科学管理，同时利用信息系统层反馈应急物流运作情况以指导感知联动层及时更新信息。此层类似于人体对外界环境影响做出的行为反射机制，主要包括应急需求监控、供需信息共享、交通运输规划、公开监管平台和逆向物流管理等平台。其中，应急需求监控用于动态监测需求变化，提升应急需求预测能力；供需信息共享平台为应急供需双方提供信息交流渠道，实现供需精准匹配；交通运输规划为物资运输优化提供有力保障，加快物资快速流通；公开监管平台为社会公众提供应急物流过程的实时监督渠道，确保信息透明；逆向物流管理对废弃包装、医疗废弃物、不合格物资进行回收处理，规避传染风险。

（4）"智慧塔"应急物流模式的信息安全链。

信息安全链通过密码学、数据安全协议等技术手段保障数据安全，并以区块链技术作为核心技术，构建贯穿整个架构的信息安全链条，相当于人体的免疫系统。感知联动层作为信息采集层，信息系统层作为信息处理层，应急管理层作为信息应用层，三者通过信息流相互连接、相辅相成。信息安全链在此架构中承担了巩固信息保护、增强信息透明度以及防止信息篡改的关键性作用。

4.5.2.3 "智慧塔"物流模式的应急流程

"智慧塔"架构依靠现代技术，实现应急物流的智慧化作业，从而提供高效的应急物流服务，全面展示了应急物流智能化运行的实现过程。为更直观地体现"智慧塔"架构下应急物流的智能化运作流程，图4-7中的"智慧塔"物流模式应急流程主要描述了在应对突发公共卫生事件时，应急物资和人员的主要工作流程。

（1）"智慧塔"模式下的物资应急流程。

物资应急流程是指在应对突发公共卫生事件时，各类应急物资在"智慧塔"应急物流模式中的流通过程。鉴于政府在突发公共卫生事件中处于主导地位（王高玲和别如娥，2011），并考虑到社会捐赠已逐渐成为应急物资的关键来源，物资应急流程涵盖了从供应端出发的政府采购和社会捐赠两部分内容。物资应急流程包括对社会捐赠物资进行合格认证，不合格的归于不达标物资存放处，并通过逆向物流实现其剩余价值的利用。合格的捐赠物

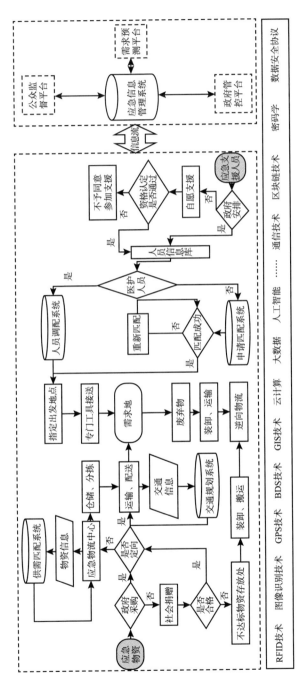

图4-7 "智慧塔"物流模式的应急流程

资和政府采购物资按定向和非定向进行分类，前者直接运往需求地，后者则先运抵事发地应急物流中心。通过供需匹配系统对物资信息进行分析后，智能匹配供需，物资再经自动分拣后配送到需求地。从供应端开始，物资信息就通过 RFID 技术进行存储，并在物流各环节进行实时更新，同时利用区块链技术确保信息安全共享。物资运输工具安装了 GPS 和 RFID 设备，实时追踪其位置和运输路线，同时更新物资动态信息，并通过大数据筛选处理后传输给交通规划系统，通过算法分析对物资运输路线进行最优方案设计。在物资配送过程中，尽量选择无人车、无人机等智能配送设备，以减少人员接触，降低病毒交叉感染风险。对于需求地产生的包装废弃物和医疗废弃物，使用智能机器人收集装卸，统一运往回收站实施逆向物流管理，以减少传播风险。

（2）"智慧塔"模式的人员应急流程。

人员应急流程指在应对突发公共卫生事件时，医护人员及其他救援人员在"智慧塔"模式下的行动过程。应急支援人员分为政府调派和自愿支援两类，后者需进行资格认定，认定通过者的信息和政府调派人员信息一并存入人员信息库，方便各事发地灵活调配。资格认定未通过者则不予同意参与支援工作。通过审核的应急支援人员主要分为医护人员和非医护人员，非医护人员包括应急物资配送员、外卖配送员等必要的后勤保障人员。鉴于医护人员在突发公共卫生事件中的重要作用，人员调配系统将合理安排其支援去向，并安排专用交通工具送达需求地。非医护人员的信息进入申请匹配系统，需求地发布需求信息，自愿支援者通过系统申请岗位，双方匹配成功后由支援地政府安排集合地点和交通工具，护送至需求地支援。支援过程中，通过红外感应、图像识别等技术手段对支援人员进行安全管理。

最后，所有应急数据汇总至应急信息管理系统，系统借助云计算、大数据挖掘和人工智能学习，对整体物流状况进行监控分析，并将有价值的信息反馈给交通规划、供需匹配、人员调配和申请匹配系统，协助各系统实时优化方案，落实供需智能匹配和物资高效流通。同时，确保应急信息管理系统和政府管控、公众监督及需求预测三大平台之间互联互通，为应急信息的公开审核、严格监管提供了良好渠道，并为应急需求预测功能提供可靠的信息支持。

4.5.3 "智慧塔"应急物流模式的作用

根据前文提出的"智慧塔"应急物流模式的核心技术、架构及应急流程，该模式主要从"智慧"预警、"智慧"共享、"智慧"运输、"智慧"服务四个方面，为应对突发公共卫生事件提供重要支持。

（1）"智慧"预警。

"智慧"预警指的是通过对应急需求的实时监控，降低需求波动的不确定性带来的不良影响。"智慧塔"模式从事前控制的角度出发，利用智能技术对物资、人员、工具和运输等应急需求波动进行事先预测并发出预警信号。物联网和互联网技术实现了全国突发公共卫生事件的实时监测与反馈，云计算完成对历史及现存突发公共卫生事件信息的分布式存储和初步处理，大数据对突发公共卫生事件的应急数据进行深入挖掘分析，互联网在各地区子系统之间形成预警网络，确保对应急需求进行实时监控和预警。

（2）"智慧"共享。

"智慧"共享通过供需信息共享、公开监管平台及信息安全链，确保应急物流信息的安全共享。"智慧塔"应急物流模式采用 GPS、GIS、RFID 及传感器等物联网技术实现应急物流信息的实时采集和更新，并运用大数据、云计算和人工智能对信息数据进行高效分析处理。在交通、公安、气象、商务等政府管理部门及阿里巴巴、京东、顺丰、德邦等专业物流企业间进行信息传输和共享。同时，使用密码学、区块链等信息安全技术加大应急物流信息传输渠道安全的保障力度，实现应急物流信息管理的公开透明、精准共享。

（3）"智慧"运输。

"智慧"运输主要指对应急物流涉及的运输工具、运输人员和运输道路，应用现代化技术和管理方法，通过科学的运输工具调配、应急人员调配和交通路线规划，实现应急物流高效运输。"智慧塔"应急物流模式采用 RFID 和 GPS 等物联网技术实时定位运输工具，通过网络技术对各地区可参与应急的人员信息进行实时更新，以便在应急过程中及时调配合适的运输工具和应急人员。此外，应用网络技术和灵活管理打通各地区交通系统，并采用各类优化算法和模型对应急运输路线进行优化。

（4）"智慧"服务。

"智慧"服务涵盖应急物资分配、作业安全监控、物资库存安排和逆向物流管理等服务，借助技术手段提升智慧化水平。应急物资分配根据共享的供需信息合理分配到不同的应急对象；作业安全监控通过图像识别、传感器等技术实现作业人员、工具及场所的安全管控；物资库存安排采用算法学习、智能物件等实现自动化、智能化的进出库运作，保证充足合理的应急物资库存；逆向物流管理是通过智能技术对物资、废弃物等进行实时追踪管理，避免资源浪费及二次污染。

4.6　本章小结

本章在分析智慧物流发展动因及趋势的基础上，提出了以提升物流企业智慧化水平为目标的四大功能要素：物流供需匹配、信息共享、安全管控和生态保护，并总结了实现这些功能的五大关键技术：自动识别、定位监管、智能传感、信息处理及信息安全。以关键技术中物联网技术的层级架构为引导，为物流企业设计包含智能感知层、信息共享层、综合平台层及信息安全链的"三层一链"结构的"智慧塔"运行模式。此外，综合平台层还通过供需匹配、内外交互、安全管控和生态保护四个子平台实现了智慧化功能。结合信息技术的发展背景，构建了一种智慧化应急物流模式，为突发公共卫生事件的应急物流管理提供了参考。自然灾害等其他突发事件具有不同特点，未来研究应进一步探讨如何根据事件特征合理实施智慧应急物流模式，以创新物流技术与管理方法，为我国应急管理的长远发展奠定理论基础。

第 5 章

"智慧塔"模式下物流企业
智慧化水平评价

5.1 物流企业智慧化水平
评价指标体系构建

物流企业的"智慧塔"模式以技术为主线、以管理为支撑、以共享为核心、以服务为导向，为提升物流企业的智慧化水平提供了重要的运行模式参考。本节基于"智慧塔"模式，构建物流企业智慧化水平的评价指标体系。首先，确定指标选取的四个维度——技术、管理、共享和服务。然后，通过文献研究明确评价指标，并对物流领域的学者和企业家进行指标重要度的问卷调查，根据统计调查结果来验证评价指标体系构建的合理性。最后，利用多信息偏好下的直觉模糊层次分析法对各指标权重进行计算。

5.1.1　评价指标体系的构建原则

我国智慧物流尚处于发展初期，作为一个不断发展的行业，构建物流企业智慧化水平的评价指标体系要充分考虑智慧物流发展的动因和趋势。不仅要将与物流业直接相关的内容归纳得出评价指标，而且要整理出与物流企业智慧化发展密切相关的内容，通过内外部指标的融合，构建出科学有效、全面实用的智慧物流发展水平评价指标体系。其构建主要遵循以下原则。

（1）科学性与系统性相结合的原则。评价指标体系的范围要大小合适，避免过于广泛或狭窄的设计。过于广泛容易出现指标含义重叠的问题，过于狭窄则会出现信息遗漏的现象。尽量选择具有典型性、表达精准的指标，以满足科学性原则。鉴于物流企业为动态变化的复杂系统，在避免指标重复的前提下，通过系统性分析各要素及其关系，合理确定指标。

（2）全面性和实用性相结合的原则。智慧物流评价指标体系的构建旨在全面反映物流企业在智慧化方面的发展现状，所以指标要充分囊括智慧化发展内容，满足全面性要求。同时，评价指标体系应为我国物流企业智慧化发展提供有效评估依据，在满足全面性原则的同时，要考虑到指标评价体系的实用性，避免为追求全面性而纳入不实用的指标。

（3）客观性和可操作性相结合的原则。指标的选取既需基于文献分析，又需结合实际情况，客观反映我国物流企业的智慧化发展现状，避免使用无关、不合理的指标，确保客观性。此外，作为智慧化水平的评价工具,体系需灵活可调、直观明了,支持不同使用者的需求,建议对定性指标尽量采用定量化方法,实现量化分析。

5.1.2 评价指标体系的构建思路

在遵循评价指标体系构建原则的前提下,本书首先围绕前文设计的"智慧塔"模式选择一级指标。然后,根据文献研读确定一级指标下的二级指标和三级指标。为保证指标体系的合理性,使用问卷调查方式请物流专家对指标重要性进行评价,并利用专家积极系数与专家权威程度判断评审专家在评分过程中的重视程度与专业化程度(林秀清等,2020),利用效度系数与可靠性系数检验指标的有效性和可靠性(李随成等,2001)。最后,基于多元偏好信息的角度设计差异化问卷,邀请不同领域的物流专家对各指标的重要度进行评估,并采用多信息偏好的直觉模糊层次分析法计算评价指标的权重。

5.1.3 评价指标体系的设计过程

根据"智慧塔"模式的三层一链结构可知,技术不仅是智能感知层的主要组成部分,而且贯穿于该模式的各层级结构中,所以技术水平对物流企业智慧化水平的评价至关重要。另外,对物流企业内数据、人员、知识等资源的科学管理是智慧化运作的重要手段,因此管理水平可用于评价物流企业的智慧化水平。此外,模式中的信息共享层旨在实现物流资源共享,是智慧物流的发展趋势之一,因此共享水平也是评价物流企业智慧化程度的重要指标。最后,模式中的综合平台层包含了物流企业提供的智慧化服务内容,其服务水平也能反映物流企业的智慧化水平。因此,本节从智慧技术水平、智慧管理水平、智慧共享水平和智慧服务水平4个维度构建物流企业智慧化水平的评价指标体系。确定智慧技术水平、智慧管理水平、智慧共享水平和智慧服务水平为四个一级指标后,再筛选二、三级指标,最后形成9个二级指标和21个三级指标,具体如表5-1所示。

表5-1　　　　　　　　物流企业智慧化水平评价指标体系

一级指标	二级指标	三级指标
智慧技术 水平 (z_1)	智慧信息系统水平 (y_1)	信息技术应用水平 (x_1)
		信息双向传递水平 (x_2)
		对外业务电子化水平 (x_3)
		信息安全保障水平 (x_4)
	智慧物流设备水平 (y_2)	智慧终端设备使用水平 (x_5)
		自动中转设备使用水平 (x_6)
		智能定位设备使用水平 (x_7)
智慧管理 水平 (z_2)	业务智慧运营水平 (y_3)	物流数据运营水平 (x_8)
		智慧物流供应链运营水平 (x_9)
	智慧管理创新水平 (y_4)	智慧物流人才占比 (x_{10})
		智慧物流知识更新运用能力 (x_{11})
智慧共享 水平 (z_3)	智慧物流技术及设施 设备共享水平 (y_5)	新一代信息技术共享水平 (x_{12})
		共享仓库或配送中心平台建设 (x_{13})

一级指标	二级指标	三级指标
智慧共享 水平（z_3）	智慧物流人力资源 共享水平（y_6）	智慧物流教育资源共享（x_{14}）
		物流智慧化发展经验交流（x_{15}）
智慧服务 水平（z_4）	智慧物流服务便捷性 （y_7）	个性化服务定制（x_{16}）
		服务咨询响应速度（x_{17}）
	智慧物流服务安全性 （y_8）	物流信息全程实时可查（x_{18}）
		客户隐私保密及支付方式安全（x_{19}）
	智慧物流服务友好性 （y_9）	售后服务渠道完善水平（x_{20}）
		需求预测服务水平（x_{21}）

5.1.3.1 智慧技术水平评价指标

根据学者们对智慧物流的定义及"智慧塔"模式可知，物流企业智慧化发展离不开物联网、大数据、云计算、区块链等各种现代信息通信技术，这些技术被广泛应用于物流企业的信息化建设以及物流设备研发中，以实现物流智能化作业。因此，本节主要从智慧信息系统和智慧物流设备两个方面，选取了 7 个三级指标。

智慧信息系统水平：根据企业内外部两种信息技术能力，对内通过信息系统支持经营活动，对外则利用信息系统感知并回应外部信息（Stoel & Muhanna，2008）。信息系统智慧化水平主要从物流企业内、外部两个方面选取指标。内部选取信息技术应用水平一个指标，外部选取了信息双向传递水平、对外业务电子化水平两个指标。信息技术应用水平指标，一方面考察物流企业信息系统的硬件水平，主要包括物流企业内人均计算机台数、网络覆盖范围等，另一方面考察物流企业信息系统对软件开发及应用程度，主要包括物流企业内部沟通平台建设程度、办公系统自动化水平等。信息双向传递水平主要从市场信息获取精准率、企业信息对外推送率、与合作伙伴及客户间沟通顺畅程度等方面评价。对外业务电子化水平主要从企业与客户及供应商信息系统实现电子化连接程度、业务电子单据占总单据比例等方面评价。此外，结合"智慧塔"模式中的信息安全链，将信息安全保障水平列为评价物流企业信息系统智慧化水平的一个指标，主要从信息系统是否设有登录权限、安全验证、防火墙等方面评价。

智慧物流设备水平：我国大部分物流企业在自动化和智能化物流设施的运用上仍有欠缺，这已成为阻碍物流业高质量发展的关键问题之一（黄永福，2020），加强智慧物流设备的建设可以推动我国物流企业智慧化发展，因此物流企业对智能设备的使用程度可以反映其智慧化水平。根据运输配送、装卸搬运、包装存储、流通加工等物流环节对智慧设备的需求，结合"智慧塔"模式中的智能感知层，选取了智慧终端设备使用水平、自动中转设备使用水平和智能定位设备使用水平三个指标。智慧终端设备指条形码、扫描器、可穿戴设备、快递柜等。自动中转设备包括自动分拣系统、自动存储货架、自动搬运设备等。智能定位设备则包括路线导航仪、车辆定位器、货物追踪器等。

5.1.3.2 智慧管理水平评价指标

根据智慧物流的内涵研究可知，现代化管理是推动物流企业智慧化发展的重要手段。管理在"智慧塔"运行模式中发挥着软支撑作用，为模式的智慧化运营和创新性管理提供了动力。因此，智慧管理水平评价主要从业务智慧运营和管理创新两个方面选取了四个指标。

业务智慧运营水平指物流企业在智慧物流业务方面的运营能力，通过业务经营能力来反映物流企业的智慧化水平。参考张彤（2019）提出的大数据背景下的智慧物流业务体系，选取物流数据运营水平和智慧物流供应链运营水平两个指标。物流数据运营水平包括物流数据的采集率、传输率、处理率、应用率及呈现率，智慧物流供应链运营水平反映了物流企业在供应链中展示的柔性、协同性和稳定性。

智慧管理创新水平，借鉴刘立波关于管理创新能力对组织绩效影响路径的研究，构建理念创新、组织学习、动态、知识管理和环境适应五个维度的能力模型（刘立波和沈玉志，2015）。本节选取企业内部的智慧物流人才占比和智慧物流知识更新运用能力两个指标。其中，智慧物流人才占比是智慧物流专业人才占全体员工的比例，包括管理类人才和技术类人才。智慧物流知识更新运用能力则是指企业及时接收并应用智慧物流新政策、新技术、新理念等知识并做出科学决策的能力。

5.1.3.3 智慧共享水平评价指标

物流资源共享是智慧物流发展趋势之一，也是"智慧塔"模式的核心内容。智慧共享水平评价的主要目的是评估物流企业对物流资源整合的能力，该评价从智慧物流技术及设施设备共享水平、智慧物流人力资源共享水平（钱慧敏等，2019；谢韫颖等，2020）两个方面出发，选取了四个指标。

在智慧物流技术及设施设备共享水平方面，选取新一代信息技术共享水平和共享仓库或配送中心平台建设两个指标。新一代信息技术共享水平反映物流企业对内外部信息通信技术的使用程度。共享仓库或配送中心平台建设则考察物流企业是否参与共享仓库或配送中心的搭建或使用，包括托盘、集装箱、叉车、起重机等设备及仓库和配送中心设施的共享程度。

在智慧物流人力资源共享水平方面，选择了智慧物流教育资源共享和物流智慧化发展经验交流两个指标。智慧物流教育资源共享指物流企业与高校、科研机构或其他企业之间建立人才培训与教育交流网络的能力。物流智慧化发展经验交流则反映物流企业在智慧化发展经验方面的内外部传播和交流水平。

5.1.3.4 智慧服务水平评价指标

"智慧塔"运行模式的设计不仅是为了提升物流企业的智慧化水平，更是为了给客户提供智慧化的物流服务体验，其综合平台层作为智慧服务的终端，为客户创造智慧化的服务体验。在客户体验维度层次金字塔中，涵盖了信任、尊重、便利、承诺、选择、知识、掌控、荣耀、认知和有益十个维度（郭红丽，2006），并将这些维度融入物流企业智慧化服务的评价体系。从智慧物流服务便捷性、安全性和友好性三个方面入手，选取了六个指标来评价智慧服务水平。

智慧物流服务便捷性，包含个性化服务定制和服务咨询响应速度两个指标。个性化服务定制是指客户可以根据自己的需求安排交易的时间、地点和方式;服务咨询响应速度则指客户无论是通过线下面对面交谈还是线上网络商议,都可以第一时间获得所需信息。

智慧物流服务安全性,包含物流信息全程实时可查、客户隐私保密及支付方式安全两个指标。物流信息全程实时可查指客户可以通过物流企业提供的平台实时跟踪货物状态。客户隐私保密和支付方式安全反映了企业在客户信息与资金交易保障技术上的成熟性。

智慧物流服务友好性,包含售后服务渠道完善水平和需求预测服务水平两个指标。售后服务渠道完善水平指客户在申请物流售后服务时可选方式多样,且解决问题迅速。需求预测服务水平指企业服务平台根据老用户的历史交易情况或新用户的行业性质、当前需求及在平台上的浏览与操作记录,提供精准的需求预测和预备服务方案。

5.1.4 评价指标体系的合理性检验

通过文献研究确定 21 个三级评价指标。为保证评价指标体系的合理性,本节对基于这 21 个三级指标构建的评价指标体系进行合理性检验。为此,本节发放问卷邀请 10 名专家对每项指标的重要度进行打分,并给出打分的判断依据和对指标的熟悉程度。问卷统计结果详见附录 1,专家对各指标的重要度判断、判断依据及熟悉程度的赋值如表 5 - 2 所示。

表 5 - 2　　专家对指标重要度判断、判断依据、熟悉程度的评分等级

重要度判断	赋值	判断依据	赋值	熟悉程度	赋值
重要	5	经验总结	0.8	了解	1
比较重要	4	理论分析	0.6	比较了解	0.8
一般重要	3	同行了解	0.4	一般了解	0.6
不太重要	2	直觉判断	0.2	不太了解	0.2
不重要	1			不了解	0

5.1.4.1　专家积极系数及权威程度判断

（1）专家积极系数。专家积极系数是指实际参与问卷填写的专家人数占问卷发放专家总人数的比例，即问卷回收率，用于反映专家对评价指标重要度的关注程度。本节共向 10 位专家发放问卷，收到 10 份问卷，问卷回收率为 100%，专家积极系数为 100%，表明专家团队对指标重要度评价工作持积极态度。

（2）专家权威程度。专家的权威程度主要受两个因素影响：对指标重要度判断的依据来源以及对指标的熟悉程度。设专家权威程度为 A，依据来源为 B，熟悉程度为 C，则 $A = (B + C)/2$。根据问卷结果，10 位专家中有 2 位专家的权威程度值介于 0.6 ~ 0.7，6 位专家的权威程度值介于 0.7 ~ 0.8，2 位专家的权威程度高于 0.8。通常情况下，专家权威程度值大于或等于 0.7 即表示其评价结果具有参考性（吴扬，2018）。本研究中 10 位专家的权威程度均值为 0.729，大于 0.7，表明本次专家对指标进行重要度评分时具有一定的专业权威性。

5.1.4.2　评价指标体系的有效性检验

对评价指标体系的有效性进行检验，旨在通过效度系数来衡量专家组成员在实际评审过程中，使用同一评价指标体系对同一目标进行评价时，由于认知差异而产生的偏差程度。偏差程度越低，说明专家使用该指标体系评价目标时对该问题的认识越一致，即该指标体系或某个指标的有效性越高，而偏差程度越高则相反。采用效度系数检验指标体系的有效性的具体过程如下。

设有 n 个评价指标，则评价指标体系表示为 $E = \{e_1, e_2, \cdots, e_n\}$，设有 m 个评审专家，则评审专家对各指标的评分集合表示为 $A = \{a_{1i}, a_{2i}, \cdots, a_{ni}\}$。定义指标 e_i 的效度系数为 V_i，则通过式（5 - 1）计算效度系数：

$$V_i = \sum_{j=1}^{m} \frac{|\bar{a}_i - a_{ij}|}{A_{max} \times m} \qquad (5-1)$$

其中，A_{max} 是指标 e_i 评分集合中的最大值，$\bar{a}_i$ 是评审专家对指标 e_i 评分的均值，计算公式为

$$\bar{a}_i = \frac{\sum_{j=1}^{n} a_{ij}}{n} \qquad (5-2)$$

定义评价指标体系 E 的效度系数为 V，则计算公式为

$$V = \frac{\sum_{i=1}^{n} V_i}{n} \qquad (5-3)$$

根据回收问卷的统计结果，按照效度系数计算过程，对 21 个指标构建的评价指标体系进行效度检验，得到效度系数为

0.065，非常接近零，说明该指标体系的有效性较高。

5.1.4.3　评价指标体系的可靠性检验

指标体系的可靠性指假设存在理想值可以完全有效地反映评价目标的本质，若用构建的评价指标体系进行评价得到的结果与该理想值越相近，则表示该指标体系的可靠性越好。据此，本节引用数理统计学中相关系数的思想，以评审专家对指标评分的均值为理想值，通过计算专家评分与均值的差异大小来判断指标体系的可靠性。若评分数据与理想值差异越小，则指标体系的可靠性系数越大，说明指标体系可靠性越高，反之亦然。求解可靠性系数的数学表达式及过程如下。

（1）计算评审专家对指标评分的平均值。

设平均值集合为 $D = \{d_1, d_2, \cdots, d_n\}$，其中

$$d_i = \frac{\sum_{j=1}^{m} a_{ij}}{m} \tag{5-4}$$

（2）计算可靠性系数 λ。

$$\lambda = \frac{\sum_{j=1}^{m} d_j}{m} \tag{5-5}$$

$$d_j = \frac{\sum_{i=1}^{n} (a_{ij} - \bar{a}_j)(d_i - \bar{d})}{\sqrt{\sum_{i=1}^{n} (a_{ij} - \bar{a}_j)^2 \sum_{i=1}^{n} (d_i - \bar{d})^2}} \tag{5-6}$$

$$\bar{a}_j = \frac{\sum_{i=1}^{n} a_{ij}}{n} \tag{5-7}$$

$$\bar{d} = \frac{\sum\limits_{i=1}^{n} d_i}{n} \qquad\qquad (5-8)$$

通常而言，当 $\lambda \in (0.90, 0.95)$ 时，表示指标体系的可靠性较好；当 $\lambda \in (0.80, 0.90)$ 时，表示指标体系的可靠性一般；当 $\lambda \in (0, 0.80)$ 时，表示指标体系的可靠性较差（范忠宝等，2018）。所以，当 $\lambda \geq 0.80$ 时，可以认为指标体系通过可靠性检验。根据回收问卷的统计结果，按照可靠性系数计算过程，对 21 个指标构建的评价指标体系进行可靠性检验，得到可靠性系数为 0.807，说明该指标体系通过可靠性检验。

5.1.5 评价指标体系权重的确定

5.1.5.1 确定权重的方法及其理论

确定权重是物流企业智慧化水平评价指标体系构建的重要工作之一，本节从多元偏好信息的角度，充分考虑不同评估成员间的个体差异，其评估时更倾向以自身偏好的信息形式表征评估信息（杨强和李延来，2018），对不同评估成员采用不同问卷形式进行调查。然后对统计结果采用改进的直觉模糊层次分析法，计算指标权重。直接模糊层次分析法及多元偏好信息一致化的相关理论如下所示。

（1）直觉模糊相关理论。根据文献（Xu & Liao，2014；高红云等，2011）的研究，归纳总结了以下直觉模糊的相关理论。

定义 5 - 1　设 X 是经典的非空集合，令 $A = \{\langle x, \mu_A(x),$ $\nu_A(x) \mid x \in X \rangle\}$，$A$ 为直觉模糊集，其中 $\mu_A(x)$ 是 X 中元素 x 属于 A 的隶属度，$\nu_A(x)$ 是非隶属度，并且 $\mu_A(x): X \rightarrow [0, 1]$，$\nu_A(x): X \rightarrow [0, 1]$，$0 \leqslant \mu_A(x) + \nu_A(x) \leqslant 1$，$x \in X$。

定义 5 - 2　在直觉模糊集 A 中，称 X 中的元素 x 属于 A 的犹豫度（即不确定性）为 $\pi_A(x)$，$\pi_A(x) = 1 - \mu_A(x) - \nu_A(x)$，$x \in X$。

定义 5 - 3　设直觉模糊数 $\widehat{a} = (\mu, \nu)$，$\mu \in [0, 1]$，$\nu \in [0, 1]$，$\mu + \nu = 1$。举例解读直觉模糊数：假设对某个候选方案进行投票时的 $\widehat{a} = (0.7, 0.1)$，即 $\mu = 0.7$，$\nu = 0.1$，则表示共有 10 个人投票，其中 7 个人投赞成票，1 个人投反对票，2 个人弃权。为便于后面专家对指标重要度进行评分，本节定义了指标重要度标度表，见表 5 - 3。假设 $\widehat{a}_1$，$\widehat{a}_2$ 是给定论域中的两个直觉模糊数，κ 是实数且满足 $\kappa \geqslant 0$，则直觉模糊数的运算法则可定义为

$$\widehat{a}_1 + \widehat{a}_2 = (\mu_1 + \mu_2 - \mu_1\mu_2, \ \nu_1\nu_2) \qquad (5 - 9)$$

$$\widehat{a}_1\widehat{a}_2 = (\mu_1\mu_2, \ \nu_1 + \nu_2 - \nu_1\nu_2) \qquad (5 - 10)$$

$$\kappa\widehat{a}_1 = (1 - (1 - \mu_1)^\kappa, \ \nu_1^\kappa) \qquad (5 - 11)$$

$$\widehat{a}_1^\kappa = (\mu_1^\kappa, \ 1 - (1 - \nu_1)^\kappa) \qquad (5 - 12)$$

表 5 - 3　　　　　　　　　　　　　指标重要度标度表

评价等级	直觉模糊数
指标 i 比指标 j 极端重要	(0.90, 0.10, 0.00)
指标 i 比指标 j 重要得多	(0.80, 0.15, 0.05)
指标 i 比指标 j 明显重要	(0.70, 0.20, 0.10)
指标 i 比指标 j 稍微重要	(0.60, 0.25, 0.15)

评价等级	直觉模糊数
指标 i 和指标 j 同等重要	$(0.50,\ 0.30,\ 0.20)$
指标 j 比指标 i 稍微重要	$(0.40,\ 0.45,\ 0.15)$
指标 j 比指标 i 明显重要	$(0.30,\ 0.60,\ 0.10)$
指标 j 比指标 i 重要得多	$(0.20,\ 0.75,\ 0.05)$
指标 j 比指标 i 极端重要	$(0.10,\ 0.90,\ 0.00)$

定义 5 – 4 设直觉模糊数集合 $\hat{a}_i = (\mu_i,\ \nu_i)$，$(i = 1,\ 2,\ \cdots,\ n)$，令 $IFWAA: A^n \rightarrow A$，且 $IFWAA(\hat{a}_1,\ \hat{a}_2,\ \cdots,\ \hat{a}_n) = \sum_{i=1}^{n} w_i \hat{a}_i$，则称 $IFWAA$ 为直觉模糊加权平均算子。其中 $w = (w_1,\ w_2,\ \cdots,\ w_i)^T$，$w_i \in [0,\ 1](i = 1,\ 2,\ \cdots,\ n)$，$\sum_{i=1}^{n} w_i = 1$，是 $\hat{a}_i$ 的权重向量。按照定义 5 – 3 中直觉模糊数的运算法则，直觉模糊加权平均算子的计算公式为

$$IFWAA(\hat{a}_1,\ \hat{a}_2,\ \cdots,\ \hat{a}_n) = \left(1 - \prod_{i=1}^{n}(1 - \mu_i)^{w_i},\ \prod_{i=1}^{n} \nu_i^{w_i}\right)$$

$$(5 – 13)$$

（2）多元偏好信息的一致化。通过将多元信息统一为直觉模糊集，在尽量减少决策信息损失的同时，又统一了决策信息的表达形式（徐绪堪和华士祯，2020）。本节的评估成员包括物流企业管理者、高校物流研究学者和物流企业客户，考虑成员之间的异质性，将通过不同形式包括精确数值、语言变量及直觉模糊集来表达评估成员提供的评估信息。为确保评估信息的一致性，精确数值和语言变量将经过直觉模糊一致化处理。

①精确数值的转化。物流企业管理者是企业内智慧化发展规划的直接参与者，对智慧化水平发展的评估具备更为精确清晰的了解，他们在评估过程中习惯以精确数值表达评估信息，所以需要将他们提供的精确数值类评估信息一致化为直觉模糊集，将采用 1~5 个数值表示指标重要度评分。假设共有 n 个方案构成方案集合 $p_j \in P(j = 1, 2, \cdots, n)$，$m$ 个评价指标构成指标集合 $t_i \in T(i = 1, 2, \cdots, m)$，令 a_{ij} 为第 i 个指标在第 j 个方案上的精确评分数值，则一致化为直觉模糊数的公式为：

$$\mu_{ij} = \begin{cases} \alpha \dfrac{a_{ij}}{a_i^{\max}}, & i \in T_b; \\[3mm] \delta_i \dfrac{a_i^{\min}}{a_{ij}}, & i \in T_c, \ a_i^{\min} \neq 0; \\[3mm] \delta_i\left(1 - \dfrac{a_{ij}}{a_i^{\max}}\right), & i \in T_c, \ a_i^{\min} = 0。 \end{cases} \qquad (5-14)$$

$$\nu_{ij} = \begin{cases} \beta \dfrac{a_{ij}}{a_i^{\max}}, & i \in T_c; \\[3mm] \gamma_{ij} \dfrac{a_i^{\min}}{a_{ij}}, & i \in T_c, \ a_i^{\min} \neq 0; \\[3mm] \gamma_i\left(1 - \dfrac{a_{ij}}{a_i^{\max}}\right), & i \in T_c, \ a_i^{\min} = 0。 \end{cases} \qquad (5-15)$$

其中两个公式中的 T_b 和 T_c 分别代表效益型和成本型的指标集合，而 $a_i^{\min} = \min\limits_{1 \leqslant i \leqslant n}\{a_{ij}\}$，$a_i^{\max} = \max\limits_{1 \leqslant j \leqslant n}\{a_{ij}\}$。$\alpha_i$，$\beta_i$，$\delta_i$，$\gamma_i$ 表示四个参数，具体数值取决于实际决策环节及决策者经验，范围 $[0-1]$，同时满足 $0 \leqslant \alpha_i + \beta_i \leqslant 1$ 和 $0 \leqslant \delta_i + \gamma_i \leqslant 1$。

根据上述公式步骤，可以将精确数值 a_{ij} 转换为直觉模糊数

$F_{ij} = (\mu_{ij}, \nu_{ij})$。

②语言变量的转化。物流企业客户通过服务体验对物流企业智慧化服务有感性认识，但其在自身专业知识积累和经验总结等方面相对而言比较薄弱，他们在决策中习惯于以语言变量的方式表达评估信息。将语言变量转换为直觉模糊集，具体见表5-4，采用7粒度语言变量 $\{s_{eh}, s_{vh}, s_h, s_m, s_l, s_{vl}, s_{el}\}$，分别表示极高、很高、高、一般、低、很低、极低。

表5-4　　　　　语言变量和直觉模糊集之间的对应关系

效益型指标		成本型指标	
语言变量	直觉模糊集	语言变量	直觉模糊集
s_{eh}	(0.90, 0.10)	s_{eh}	(0.10, 0.90)
s_{vh}	(0.80, 0.15)	s_{vh}	(0.20, 0.75)
s_h	(0.70, 0.20)	s_h	(0.30, 0.60)
s_m	(0.50, 0.30)	s_m	(0.50, 0.30)
s_l	(0.30, 0.60)	s_l	(0.70, 0.20)
s_{vl}	(0.20, 0.75)	s_{vl}	(0.80, 0.15)
s_{el}	(0.10, 0.90)	s_{el}	(0.90, 0.10)

5.1.5.2　直觉模糊层次分析法确定权重的步骤

根据直觉模糊理论，考虑多元偏好信息，采用基于多元偏好信息的直觉模糊层次分析法，对权重进行确定，具体主要包含以下五个步骤。

步骤1：评价指标体系的构建。

本节以评价物流企业智慧化水平为目标，从智慧技术水平、智慧管理水平、智慧共享水平、智慧服务水平四个方面，构建了包含 21 个三级指标的物流企业智慧化水平评价指标体系，详见表 5 – 1。

步骤 2：直觉模糊判断矩阵的构造。

依据层次分析法的原理，需要构建判断矩阵来确定各个指标的权重。首先将 4 个一级指标按照相对重要度进行两两比较，然后按照相同的方法分别对隶属于各个一级指标的二级指标和隶属于各个二级指标的三级指标进行重要度的两两比较。考虑评估成员的差异性、决策信息的模糊性以及环境不确定性，满足成员以其偏好或习惯的形式提供评估信息，设 $P_{E1}(E1 = 1, 2, \cdots, \varpi)$ 指对物流企业智慧化水平有清晰了解的物流企业管理者，通过精确数值提供的评价信息；$P_{E2}(E2 = 1, 2, \cdots, \theta)$ 指对物流企业智慧化水平有一定了解的高校物流研究专家，通过直觉模糊数提供的评价信息；$P_{E3}(E3 = 1, 2, \cdots, \tau)$ 指对物流企业智慧化水平有直观感受的物流企业客户，通过语言变量提供的评价信息。其中，ϖ，θ，τ 三者都是自然数。

根据上述假设，可令专家 P_{E1} 给出的判断矩阵为 $R^{*(E1)} = (r_{ij}^{(E1)})_{n \times n}^*$，其中 $r_{ij}^{(E1)}(i, j = 1, 2, \cdots, n)$ 是精确数值，表示专家给出的第 i 个指标比第 j 个指标重要的程度。由于专家 P_{E1} 给出的是精确数值判断矩阵，需要根据精准数值转换公式，转换为直觉模糊判断矩阵 $\hat{R}^{(E1)} = (\hat{r}_{ij}^{(E1)})_{n \times n}$，其中 $\hat{r}_{ij}^{(E1)} = (\hat{\mu}_{ij}^{E1}, \hat{\nu}_{ij}^{E1})$。专家 P_{E2} 给出的判断矩阵为 $\hat{R}^{(E2)} = (\hat{r}_{ij}^{(E2)})_{n \times n}$，其中 $\hat{r}_{ij}^{(E2)}$ 是直觉模糊数，即 $\hat{r}_{ij}^{(E2)} = (\hat{\mu}_{ij}^{(E2)}, \hat{\nu}_{ij}^{(E2)})$，$\hat{\mu}_{ij}^{(E2)}$ 表示专家在对第 i 个指标和第 j 个

指标进行重要度评价时更偏爱于第 i 个指标的程度，$\hat{v}_{ij}^{(E2)}$ 表示更偏爱于第 j 个指标的程度，$\hat{\pi}_{ij}^{(E2)} = 1 - \hat{\mu}_{ij}^{(E2)} - \hat{v}_{ij}^{(E2)}$ 表示专家在给出评价时的犹豫或不确定程度。专家 P_{E3} 给出的判断矩阵为 $R^{*(E3)} = (r_{ij}^{(E3)})_{n \times n}^*$，其中 $r_{ij}^{(E3)}$ 是语言变量，表示专家认为第 i 个指标比第 j 个指标重要的程度，根据表 5 – 4 转换为直觉模糊判断矩阵 $\hat{R}^{(E3)} = (\hat{r}_{ij}^{(E3)})_{n \times n}$，其中 $\hat{r}_{ij}^{E3} = (\hat{\mu}_{ij}^{E3}, \hat{v}_{ij}^{E3})$。

步骤 3：信息集结。

根据定义 5 – 4，对专家 P_{E1}、P_{E2} 和 P_{E3} 给出的直觉模糊判断矩阵进行信息集结。通过式（5 – 13），我们通常认为专家评分权重是无差异的，所以权重向量的取值为 $w_i = (1/n, 1/n, \cdots, 1/n)^T$，得到集成的直觉模糊判断矩阵 $R = (r_{ij})_{n \times n}$。

步骤 4：一致性检验。

为使评估结果更加合理化，需要进行一致性检验。直觉模糊判断矩阵一致性检验公式（Xu & Liao，2014）

$$d(\bar{R}, R) = \frac{1}{2(n-1)(n-2)} \sum_{i=1}^{n} \sum_{j=1}^{n} (|\bar{\mu}_{ij} - \mu_{ij}| + |\bar{v}_{ij} - v_{ij}| + |\bar{\pi}_{ij} - \pi_{ij}|)$$

$$(5-16)$$

其中 R 指直觉模糊矩阵 $R = (r_{ij})_{n \times n}$，$r_{ij} = (\mu_{ij}, v_{ij})$；$\bar{R}$ 指直觉模糊一致性判断矩阵 $\bar{R} = (\bar{r}_{ij})_{n \times n}$，$\bar{R}$ 的构造计算公式如下：

① 当 $j > i + 1$ 时，令 $\bar{r}_{ij} = (\bar{\mu}_{ij}, \bar{v}_{ij})$，则（Xu & Liao，2014）；

$$\bar{\mu}_{ij} = \frac{\sqrt[j-i-1]{\prod_{t=i+1}^{j-1} \mu_{it} \mu_{tj}}}{\sqrt[j-i-1]{\prod_{t=i+1}^{j-1} \mu_{it} \mu_{tj}} + \sqrt[j-i-1]{\prod_{t=i+1}^{j-1} (1 - \mu_{it})(1 - \mu_{tj})}} \quad (5-17)$$

$$\bar{\nu}_{ij} = \frac{\sqrt[j-i-1]{\prod_{t=i+1}^{j-1} \nu_{it}\nu_{tj}}}{\sqrt[j-i-1]{\prod_{t=i+1}^{j-1} \nu_{it}\nu_{tj}} + \sqrt[j-i-1]{\prod_{t=i+1}^{j-1} (1-\nu_{it})(1-\nu_{tj})}} \qquad (5-18)$$

②当 $j = i + 1$ 时，令 $\bar{r}_{ij} = (\mu_{ij}, \ \nu_{ij})$；

③ 当 $j < i$ 时，令 $\bar{r}_{ij} = (\bar{\nu}_{ij}, \ \bar{\mu}_{ij})$。

按上述步骤计算后，若 $d(R, \ \bar{R}) < 0.1$，则表示直觉模糊矩阵 R 通过一致性检验，否则认为一致性检验未通过，需要进行修正。修正时需要引入控制参数进行迭代处理，设参数为 $\sigma \in [0, 1]$，表示 R 与 $\bar{R}$ 之间的相似度，修正公式如下所示（郭红丽，2006）：

$$\overset{\leftrightarrow}{\mu}_{ij} = \frac{(\mu_{ij})^{1-\sigma}(\bar{\mu}_{ij})^{\sigma}}{(\mu_{ij})^{1-\sigma}(\bar{\mu}_{ij})^{\sigma} + (1-\mu_{ij})^{1-\sigma}(1-\bar{\mu}_{ij})^{\sigma}} \qquad (5-19)$$

$$\overset{\leftrightarrow}{\nu}_{ij} = \frac{(\nu_{ij})^{1-\sigma}(\bar{\nu}_{ij})^{\sigma}}{(\nu_{ij})^{1-\sigma}(\bar{\nu}_{ij})^{\sigma} + (1-\nu_{ij})^{1-\sigma}(1-\bar{\nu}_{ij})^{\sigma}} \qquad (5-20)$$

修正调整以后得到直觉模糊一致性判断矩阵 $\overset{\leftrightarrow}{R} = (\overset{\leftrightarrow}{r}_{ij})_{n \times n}$，$\overset{\leftrightarrow}{r}_{ij} = (\overset{\leftrightarrow}{\mu}_{ij}, \ \overset{\leftrightarrow}{\nu}_{ij})$，将矩阵 $\overset{\leftrightarrow}{R}$ 代入式（5 - 21）中进行一致性检验。若 $d(\overset{\leftrightarrow}{R}, \ \bar{R}) < 0.1$，则一致性通过，否则继续调整直到通过为止。

$$d(\overset{\leftrightarrow}{R}, \ \bar{R}) = \frac{1}{2(n-1)(n-2)} \sum_{i=1}^{n} \sum_{j=1}^{n} (|\overset{\leftrightarrow}{\mu}_{ij} - \bar{\mu}_{ij}| + |\overset{\leftrightarrow}{\nu}_{ij} - \bar{\nu}_{ij}| + |\overset{\leftrightarrow}{\pi}_{ij} - \bar{\pi}_{ij}|)$$

$$(5-21)$$

步骤 5：计算权重。通过上述步骤之后，将通过一致性检验的直觉模糊矩阵代入式（5 - 22），对每一层指标进行权重确定。

$$w_i = \left(\frac{\sum\limits_{i=1}^{n} \mu_{ij}}{\sum\limits_{i=1}^{n}\sum\limits_{j=1}^{n} (1 - \nu_{ij})}, \; 1 - \frac{\sum\limits_{i=1}^{n} (1 - \nu_{ij})}{\sum\limits_{i=1}^{n}\sum\limits_{j=1}^{n} \mu_{ij}} \right) \quad (5-22)$$

步骤 6：权重模糊转换及归一化处理。

信息集结后得到的组合权重是 vague 集，为了便于物流企业智慧化水平的评价，对组合权重进行 vague 集到 fuzzy 集的模糊转换。

令 $A = \{ \langle t_A(x), f_A(x), \pi_A(x) \rangle \mid x \in U \} \in V(U)$，则 $A^{(n)} = \{ \langle t_A^{(n)}(x), f_A^{(n)}(x), \pi_A^{(n)}(x) \rangle \mid x \in U \}$ 为 vague 集 A 到 fuzzy 集的 n 次转换，当 $n \to \infty$ 且 $t_A(x)$、$f_A(x)$ 不全为 0 时，vague 集 A 到 fuzzy 集的极限状态转换为（张诚一和周厚勇，2006）：

$$A^{(\infty)} = \{ \langle t_A^{(\infty)}(x), f_A^{(\infty)}(x), \pi_A^{(\infty)}(x) \rangle \mid x \in U \} \quad (5-23)$$

$$t_A^{(\infty)}(x) = t_A(x) \prod_{k=1}^{\infty} (1 + \pi_A(x))^{2^{k-1}} = \frac{t_A(x)}{t_A(x) + f_A(x)}$$
$$(5-24)$$

$$f_A^{(\infty)}(x) = f_A(x) \prod_{k=1}^{\infty} (1 + \pi_A(x))^{2^{k-1}} = \frac{f_A(x)}{t_A(x) + f_A(x)}$$
$$(5-25)$$

$$\pi_A^{(\infty)}(x) = 0 \quad (5-26)$$

由上述内容可知 $t_A^{(\infty)}(x) + f_A^{(\infty)}(x) = 1$，$A^{(\infty)}$ 是一个 fuzzy 集，因此称 $A^F(x) = \{ \langle x, A^F(x) \rangle \mid x \in U \}$ 为 vague 集 A 的转换 fuzzy 集，其中 $A^F(x) = t_A^{\infty}(x)$。

按照上述内容对指标的组合权重进行模糊转换，结果为 $A^F(x)$，对所有 $A^F(x)$ 进行归一化处理得到最终权重 W。

5.1.5.3　指标权重的确定

　　根据评价成员差异性设计了三种问卷，分别邀请2位物流企业管理者、2位高校物流研究学者和2位物流企业客户组成评价团队，填写物流企业智慧化水平评价指标权重确定问卷，对具体问卷结果整理后得到的判断矩阵见附录2，并根据多元信息一致化内容，将物流企业管理者和物流企业客户的问卷结果统一化为直觉模糊矩阵，具体见附录2。对6位专家提供的评价结果进行信息集结，使用工具 Matlab，根据式（5 – 13）得到集结后的直觉模糊判断矩阵 R 如表5 – 5所示。

表5 –5　　　　　　　　　　直觉模糊判断矩阵 R

矩阵	直觉模糊集			
R_A	(0.5000，0.3000)	(0.7624，0.1763)	(0.8021，0.1570)	(0.7582，0.1798)
	(0.2986，0.5832)	(0.5000，0.3000)	(0.6705，0.2397)	(0.6421，0.2498)
	(0.2686，0.6240)	(0.4404，0.4521)	(0.5000，0.3000)	(0.5137，0.3533)
	(0.3219，0.5393)	(0.4319，0.4272)	(0.5455，0.2542)	(0.5000，0.3000)
R_{B1}	(0.5000，0.3000)	(0.7076，0.2080)		
	(0.3918，0.4327)	(0.5000，0.3000)		
R_{B2}	(0.5000，0.3000)	(0.2054，0.6914)		
	(0.3201，0.5658)	(0.5000，0.3000)		
R_{B3}	(0.5000，0.3000)	(0.5983，0.2720)		
	(0.4585，0.3923)	(0.5000，0.3000)		
R_{B4}	(0.5000，0.3000)	(0.2264，0.7004)	(0.6512，0.2265)	
	(0.8183，0.1468)	(0.5000，0.3000)	(0.8268，0.1414)	
	(0.3764，0.4711)	(0.2063，0.7348)	(0.5000，0.3000)	

续表

矩阵	直觉模糊集			
R_{C1}	(0.5000, 0.3000)	(0.5983, 0.2265)	(0.7735, 0.1698)	(0.6512, 0.2593)
	(0.4028, 0.4711)	(0.5000, 0.3000)	(0.5084, 0.3923)	(0.3735, 0.5130)
	(0.2803, 0.6119)	(0.6010, 0.2962)	(0.5000, 0.3000)	(0.5027, 0.4197)
	(0.5298, 0.3739)	(0.7263, 0.2080)	(0.6797, 0.2423)	(0.5000, 0.3000)
R_{C2}	(0.5000, 0.3000)	(0.6640, 0.2466)	(0.7072, 0.2182)	
	(0.4541, 0.4327)	(0.5000, 0.3000)	(0.6928, 0.2265)	
	(0.3873, 0.4943)	(0.4028, 0.4711)	(0.5000, 0.3000)	
R_{C3}	(0.5000, 0.3000)	(0.5732, 0.3739)		
	(0.6536, 0.2823)	(0.5000, 0.3000)		
R_{C4}	(0.5000, 0.3000)	(0.7507, 0.1798)		
	(0.2968, 0.5872)	(0.5000, 0.3000)		
R_{C5}	(0.5000, 0.3000)	(0.6484, 0.2621)		
	(0.4541, 0.4116)	(0.5000, 0.3000)		
R_{C6}	(0.5000, 0.3000)	(0.5766, 0.3020)		
	(0.5124, 0.3627)	(0.5000, 0.3000)		
R_{C7}	(0.5000, 0.3000)	(0.5964, 0.2916)		
	(0.4769, 0.3717)	(0.5000, 0.3000)		
R_{C8}	(0.5000, 0.3000)	(0.2562, 0.6591)		
	(0.7711, 0.1680)	(0.5000, 0.3000)		
R_{C9}	(0.5000, 0.3000)	(0.7072, 0.2182)		
	(0.3873, 0.4943)	(0.5000, 0.3000)		

接下来,根据式(5-16)对集成后的直觉模糊矩阵 R 进行一致性检验,由于二阶矩阵本身就满足一致性,所以无须进行检验。对剩下的矩阵进行一致性检验和参数调整见表5-6,并得到调整修正后的直觉模糊判断矩阵见表5-7。

表 5 - 6　　　　　　　　　　一致性检验及参数调整

矩阵	$d(\overline{R},\ R)$	调整参数 σ	$d(\overleftrightarrow{R},\ \overline{R})$
R_A	0.2809	0.31	0.0972
R_{B4}	0.1950	0.51	0.0986
R_{C1}	0.3277	0.30	0.0986
R_{C2}	0.4531	0.18	0.0961

表 5 - 7　　　　　　　　修正后的直觉模糊判断矩阵 $\overleftrightarrow{R}$

矩阵	直觉模糊集
$\overleftrightarrow{R}_A$	(0.5000, 0.3000) (0.7624, 0.1763) (0.8245, 0.1197) (0.7683, 0.1617) (0.2559, 0.6441) (0.5000, 0.3000) (0.6705, 0.2397) (0.6549, 0.2135) (0.1784, 0.7173) (0.3721, 0.5219) (0.5000, 0.3000) (0.5137, 0.3533) (0.2474, 0.6269) (0.3242, 0.5087) (0.4846, 0.3261) (0.5000, 0.3000)
$\overleftrightarrow{R}_{B4}$	(0.5000, 0.3000) (0.2264, 0.7004) (0.6169, 0.2519) (0.7632, 0.1841) (0.5000, 0.3000) (0.8268, 0.1414) (0.3243, 0.5284) (0.1708, 0.7853) (0.5000, 0.3000)
$\overleftrightarrow{R}_{C1}$	(0.5000, 0.3000) (0.5983, 0.2265) (0.7290, 0.1665) (0.6234, 0.2526) (0.3443, 0.5096) (0.5000, 0.3000) (0.5084, 0.3923) (0.4137, 0.4521) (0.2387, 0.6102) (0.5388, 0.3553) (0.5000, 0.3000) (0.5027, 0.4197) (0.4338, 0.4270) (0.6117, 0.2844) (0.6057, 0.3111) (0.5000, 0.3000)
$\overleftrightarrow{R}_{C2}$	(0.5000, 0.3000) (0.6640, 0.2466) (0.7295, 0.1872) (0.4129, 0.4752) (0.5000, 0.3000) (0.6928, 0.2265) (0.3104, 0.5622) (0.3673, 0.5129) (0.5000, 0.3000)

最后，将通过一致性检验和调整后的矩阵代入式（5 - 22），分别求得一级指标、二级指标和三级指标的权重 w_z、w_y 和 w_x，然后对每层指标权重进行模糊转换和归一化处理，并进行权重组合得到最终权重 W，具体见表 5 - 8。

表 5 - 8 　　　　　　物流企业智慧化水平评价指标权重

w_z	w_y	w_x	W
z_1 (0.2802, 0.5976) 35.56%	y_1 (0.4376, 0.2893) 57.27%	x_1 (0.2358, 0.6252) 30.59%	0.062297183508
		x_2 (0.1700, 0.7121) 21.53%	0.043846301436
		x_3 (0.1713, 0.7159) 21.56%	0.043907397072
		x_4 (0.2070, 0.6714) 26.23%	0.053601237984
	y_2 (0.3232, 0.3964) 42.73%	x_5 (0.3215, 0.5154) 40.82%	0.062025124616
		x_6 (0.2726, 0.5727) 34.26%	0.052057343688
		x_7 (0.2000, 0.6526) 24.92%	0.037865411696
z_2 (0.2042, 0.6770) 25.82%	y_3 (0.4532, 0.2570) 60.48%	x_8 (0.3911, 0.4045) 47.82%	0.074675405952
		x_9 (0.4204, 0.3633) 52.18%	0.081483954048
	y_4 (0.3120, 0.4361) 39.52%	x_{10} (0.4750, 0.2575) 61.93%	0.063193768352
		x_{11} (0.3026, 0.4565) 38.07%	0.038846871648

w_z	w_y	w_x	W
z_3 (0.1535, 0.7384) 19.17%	y_5 (0.4015, 0.3057) 53.66%	x_{12} (0.4212, 0.3161) 54.61%	0.056175242742
		x_{13} (0.3500, 0.3872) 45.39%	0.046690977258
	y_6 (0.3504, 0.3642) 46.34%	x_{14} (0.3936, 0.3308) 51.73%	0.045953714394
		x_{15} (0.3701, 0.3598) 48.27%	0.042880065606
z_4 (0.1527, 0.7222) 19.45%	y_7 (0.2439, 0.6053) 30.38%	x_{16} (0.4006, 0.3207) 52.7%	0.0311399557
		x_{17} (0.3570, 0.3593) 47.3%	0.0279491443
	y_8 (0.3794, 0.4638) 47.6%	x_{18} (0.2939, 0.4866) 36.01%	0.0333387782
		x_{19} (0.4940, 0.2443) 63.99%	0.0592432218
	y_9 (0.1806, 0.6870) 22.02%	x_{20} (0.4492, 0.2925) 58.05%	0.02486217645
		x_{21} (0.3302, 0.4243) 41.95%	0.01796672355

5.1.6　小结

本节重点围绕"智慧塔"运行模式,在文献研究的基础上,为物流企业构建了智慧化水平评价指标体系。该评价体系有 4 个一级指标、9 个二级指标和 21 个三级指标。同时,通过对 10 位物流专家进行问卷调查,对 21 个三级指标的重要度进行评分,并采用专家积极系数和专家权威程度对专家在评分过程中的重视程度与专业化水平进行判断,以保证问卷结果的专业性和权威性。随后,采用效度系数和可靠性系数对问卷结果进行分析,得到指标合理性检验的效度系数为 0.065,可靠性系数为 0.807,均在合理范围内,表明该 21 个三级指标构建的物流企业智慧化水平评价指标体系具有较高的合理性。

在构建合理的评价指标体系后,本节进一步考虑了多元偏好信息,通过设计三种类型的问卷,分别邀请物流企业管理者、高校物流研究学者和物流企业客户构成评估小组,对各指标的重要度进行打分。然后,对调查问卷结果进行统计分析,采用改进的直觉模糊层次分析法计算体系内各指标的权重进行,最终确定 21 个指标的权重值。

5.2　物流企业智慧化水平评价方法

秩和比法适用性强、适用范围广,通过直接排序或分档排序

（付学谦和陈皓勇，2015），对评估对象进行综合评价。本节考虑各评价指标之间的权重差异，将采用加权秩和比评估法对物流企业智慧化水平进行评价，具体步骤如下。

步骤 1：编秩。

设有 n 个评价对象，m 个评价指标，组成了 $n \times m$ 的数据表。对该数据表内每个评价指标的数值进行编秩，正向指标从小到大进行编秩，逆向指标从大到小进行编秩，根据编秩结果构建评价指标的秩次数据矩 R 阵。

步骤 2：赋权。

由于每个指标的权重存在差异，为获得更加合理的评估结果，需要对每个指标进行赋权，指标权重计算已在第 5.1 节内容中完成，此处不再赘述。加权后的秩和比计算公式为

$$WRSR_j = \frac{1}{n} \sum_{i=1}^{m} W_i R_{ij} \ (1 \leqslant i \leqslant m, \ 1 \leqslant j \leqslant n) \qquad (5-27)$$

其中，W_i 表示第 i 项指标的权重，R_{ij} 是秩次矩阵 R 第 i 行第 j 列上的数据，表示第 j 个评价对象在第 i 项指标上的排列位次。

步骤 3：确定 $WRSR$ 分布，计算概率单位。

根据上述计算结果，将 $WRSR$ 值由小到大排成一列，其中值相同的分为一组，编制 $WRSR$ 分布表。分别列出各组的频数 f、累计频数 cf，计算各组的秩次 r 以及平均秩次 $\bar{r}$。最后计算累计频率 $p = \bar{r}/n \times 100\%$（其中最后一项按 $1 - 1/4n$ 校正）。然后根据《百分数与概率单位对照表》将 p 转换为概率单位 $Probit$。

步骤 4：计算线性回归方程。

将概率单位 $Probit$ 作为自变量，$WRSR$ 值作为因变量，进行

回归分析，通过计算线性回归方程 $WRSR = a + b \times Probit$ 得到 $WRSR$ 的估计值。

步骤5：分档排序。

分档方法有合理分档和最佳分档两种，两种方法得到的分档结果通常情况下是吻合的（田凤调，1993）。本书将采用合理分档法，并参照 RSR 法提出者田凤调专家制定的合理分档表（见表 5-9），根据概率单位 $Probit$ 值，确定评价对象的分档数目。最后在分档数目确定的基础上，按 $WRSR$ 估计值对评价对象进行分档排序。

表 5-9　　　　　　　　合理分档数目表

分档数目	$Probit$ 的临界值
3	<4，4~，6~
4	<3.5，3.5~，5~，6.5~
5	<3.2，3.2~，4.4~，5.6~，6.8~
6	<3，3~，4~，5~，6~，7~
7	<2.86，2.86~，3.72~，4.57~，5.44~，6.28~，7.14~
8	<2.78，2.78~，3.5~，4.25~，5~，5.75~，6.5~，7.22~
9	<2.67，2.67~，3.33~，4~，4.67~，5.33~，6~，6.67~，7.33~
10	<2.6，2.6~，3.2~，3.8~，4.4~，5~，5.6~，6.2~，6.8~，7.4~
11	<2.54，2.54~，3.08~，3.64~，4.18~，4.73~，5.27~，5.82~，6.36~，6.91~，7.45~
12	<2.5，2.5~，3~，4~，4.5~，5~，5.5~，6~，6.5~，7~，7.5~
13	<2.45，2.45~，2.92~，3.38~，3.85~，4.31~，4.77~，5.23~，5.69~，6.15~，6.62~，7.08~，7.54~
14	<2.42，2.42~，2.86~，3.29~，3.72~，4.14~，4.57~，5~，5.43~，5.86~，6.28~，6.71~，7.14~，7.56~

5.3 物流企业智慧化水平评价实证分析

为了验证前文构建的评价指标体系的实用性及其评价方法的可操作性，本节将对部分物流企业进行实证分析。首先，面向物流企业发放匿名问卷，在遵从企业填写意愿的基础上，最终回收了 12 份问卷，其中有效问卷为 11 份。根据有效问卷整理得到的评价对象基本信息如下：11 家物流企业均为综合服务型物流企业，其中经营年限在 10 年以上的有 7 家，6 年以上的 1 家，介于 1～5 年的有 3 家，且员工人数达到 70 人以上，其中 7 家企业的员工人数超过 120 人。然后，对这 11 份有效问卷进行统一的量化处理，赋值范围是 [0，1]，得到每家企业在各项指标上的得分，具体详见附录 3。本研究将以这 11 家物流企业（$L(j)$，$j=$ 1，2，…，11）作为评价对象，对其智慧化水平进行评价和对比分析，进而分析物流企业智慧化水平提升面临的问题，以下为详细的评价过程。

5.3.1 物流企业智慧化水平的总体评价

根据加权秩和比评估法步骤，计算得到 11 家物流企业智慧化水平 WRSR 的分布及估计值。其中以概率单位 Probit 为自变量，WRSR 值为因变量的回归方程通过 Excel 求取，得到 p 值为 1.35×10^{-8}，在 1% 水平上限中显著，解得回归方程为 $WRSR = 0.1674\ Probit -$

0.3218。根据回归方程计算得到 $WRSR$ 估计值，$WRSR$ 估计值越大，评价对象越好。在 11 家物流企业中，$L(10)$ 的智慧化水平最高，$L(5)$ 的智慧化水平最低。其他物流企业智慧化水平按从高到低依次排列，具体见表 5 - 10。

表 5 - 10　　　物流企业智慧化水平 $WRSR$ 的分布及估计值

$L(j)$	$WRSR$	f	cf	r	$\bar{r}$	p	$Probit$	$WRSR$ 估计值	排序
$L(5)$	0.2734	1	1	1	1	9.1	3.6654	0.2917	11
$L(7)$	0.3991	1	2	2	2	18.2	4.0922	0.3632	10
$L(2)$	0.4066	1	3	3	3	27.3	4.3962	0.4140	9
$L(9)$	0.4637	1	4	4	4	36.4	4.6522	0.4569	8
$L(11)$	0.4784	1	5	5	5	45.5	4.8870	0.4962	7
$L(4)$	0.5167	1	6	6	6	54.5	5.1130	0.5340	6
$L(8)$	0.5495	1	7	7	7	63.6	5.3478	0.5733	5
$L(6)$	0.6272	1	8	8	8	72.7	5.6038	0.6162	4
$L(1)$	0.6904	1	9	9	9	81.8	5.9078	0.6670	3
$L(3)$	0.7821	1	10	10	10	90.9	6.3346	0.7385	2
$L(10)$	0.8130	1	11	11	11	97.7	6.9954	0.8491	1

接着，采用合理分档法，结合最终计算得到的 $WRSR$ 估计值，将这 11 家物流企业的智慧化水平评价结果划分为六档，包括智慧化零水平、低水平、较低水平、一般水平、较高水平、高水平六个阶段，具体分档排序结果如表 5 - 11 所示。根据分档结果可知，大约82%的物流企业在智慧化水平上处于一般水平及以下阶段，只有约18%的物流企业在智慧化水平上处于一般水平以

上阶段。其中，没有物流企业处于零水平阶段，$L(5)$ 处于低水平阶段，$L(7)$、$L(2)$、$L(9)$ 和 $L(11)$ 都处于较低水平阶段，$L(4)$、$L(8)$、$L(6)$ 和 $L(1)$ 都处于一般水平阶段，$L(3)$ 和 $L(10)$ 则处于较高水平阶段，暂时没有物流企业进入高水平阶段。

表 5 - 11　　　　　　　物流企业智慧化水平高低分档

智慧化水平等级	Probit	物流企业
零水平阶段	< 3	无
低水平阶段	3 ~	$L(5)$
较低水平阶段	4 ~	$L(7)$、$L(2)$、$L(9)$、$L(11)$
一般水平阶段	5 ~	$L(4)$、$L(8)$、$L(6)$、$L(1)$
较高水平阶段	6 ~	$L(3)$、$L(10)$
高水平阶段	7 ~	无

5.3.2　物流企业智慧化水平的分级评价

对物流企业智慧化水平的分级评价，主要通过分析一级指标和二级指标的智慧化水平得分情况来实现。首先是一级指标，对每家企业三级指标的得分进行加权处理得到加权分值，然后加总每类一级指标下三级指标的加权分值，得到四类一级指标的数值，并作柱状图如图 5 - 1 所示。在智慧技术水平 z_1 方面，排前三的物流企业分别是 $L(3)$、$L(10)$ 和 $L(11)$；在智慧管理水平 z_2 和智慧共享水平 z_3 两个方面，排前三的物流企业分别是 $L(10)$、$L(3)$ 和 $L(1)$；在智慧服务水平 z_4 方面，排前三的物流企业分别是 $L(3)$、$L(1)$ 和 $L(6)$。同时，在这四个方面的水平评价排名中，排在最后的物流企业都是 $L(5)$。

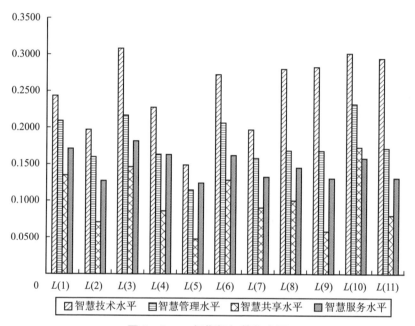

图 5-1 一级指标智慧化水平

同理，计算得到每家物流企业在九类二级指标上的智慧化水平得分，并计算 11 家物流企业在每类二级指标上智慧化水平得分的平均值，如表 5-12 所示。除 $L(2)$ 和 $L(4)$ 分别在智慧物流服务便捷性 y_7 和智慧物流服务安全性 y_8 两方面排最后一名外，$L(5)$ 在其他 7 个二级指标上均排最后一名，其中 $L(2)$ 在智慧物流人力资源共享水平 y_6 上也为最后一名。$L(10)$ 在智慧信息系统水平 y_1、业务智慧运营水平 y_3、智慧物流技术及设施设备共享水平 y_5、智慧物流人力资源共享水平 y_6 和智慧物流服务安全性 y_8 5 个二级指标上排名均为第一，其中智慧信息系统水平 y_1 上 $L(1)$ 与 $L(10)$

并列第一，智慧物流服务安全性 y_8 上 $L(6)$、$L(3)$ 与 $L(10)$ 并列第一。剩下的 4 个二级指标中，$L(3)$ 在智慧物流设备水平 y_2 上排第一，$L(6)$ 在智慧管理创新水平 y_4 上排第一，$L(1)$、$L(3)$ 和 $L(4)$ 三者在智慧物流服务便捷性 y_7 上并列第一，$L(4)$ 在智慧物流服务友好性 y_9 上排名第一。

同时，对比 11 家物流企业在各类二级指标上分值与均值差距可知，在智慧物流服务安全性 y_8 上，只有约 18% 的企业低于平均水平；在智慧信息系统水平 y_1 上，约 36% 的企业低于平均水平；在智慧物流设备水平 y_2 和智慧物流服务便捷性 y_7 两个方面，约 46% 的企业低于平均水平；在业务智慧运营水平 y_3、智慧管理创新水平 y_4、智慧物流技术及设施设备共享水平 y_5 和智慧物流人力资源共享水平 y_6 上，约 55% 的企业低于平均水平；而在智慧物流服务友好性 y_9 上，则高达 64% 的企业低于平均水平。

表 5 - 12　　　　　　　　二级指标水平分析

$L(j)$	y_1	y_2	y_3	y_4	y_5	y_6	y_7	y_8	y_9
$L(1)$	0.1907	0.0531	0.1399	0.0690	0.0730	0.0619	0.0591	0.0741	0.0374
$L(2)$	0.1366	0.0607	0.1236	0.0359	0.0524	0.0178	0.0258	0.0741	0.0275
$L(3)$	0.1790	0.1291	0.1399	0.0768	0.0935	0.0533	0.0591	0.0859	0.0361
$L(4)$	0.1737	0.0531	0.0951	0.0690	0.0505	0.0361	0.0591	0.0607	0.0428
$L(5)$	0.1181	0.0304	0.0937	0.0204	0.0299	0.0178	0.0320	0.0726	0.0196
$L(6)$	0.1629	0.1092	0.1249	0.0816	0.0664	0.0619	0.0535	0.0741	0.0343

$L(j)$	y_1	y_2	y_3	y_4	y_5	y_6	y_7	y_8	y_9
$L(7)$	0.1361	0.0607	0.1141	0.0437	0.0636	0.0270	0.0286	0.0741	0.0300
$L(8)$	0.1820	0.0979	0.1249	0.0437	0.0477	0.0527	0.0410	0.0741	0.0300
$L(9)$	0.1724	0.1103	0.1324	0.0359	0.0318	0.0270	0.0473	0.0622	0.0210
$L(10)$	0.1907	0.1103	0.1562	0.0768	0.1029	0.0705	0.0466	0.0859	0.0257
$L(11)$	0.1707	0.1244	0.1195	0.0525	0.0524	0.0270	0.0292	0.0741	0.0275
均值	0.1648	0.0854	0.1240	0.0550	0.0604	0.0412	0.0438	0.0738	0.0302

5.3.3 评价结果分析

根据排序及分档结果可知,11 家物流企业均迈入了智慧化发展的新阶段,表明它们对物流企业智慧化发展的积极态度。然而,这 11 家物流企业的整体智慧化水平不高,大部分处于中等及以下水平,与高水平阶段存在明显差距。其次,$L(3)$ 与 $L(10)$ 的总体智慧化水平名列前茅,而 $L(5)$ 则位于最低水平。在大部分一级指标和二级指标的评价中,$L(3)$ 与 $L(10)$ 均处于上游,$L(5)$ 则处于最下游,说明总体和分级评价的结果相一致。最后,通过对比各企业在二级指标上的分值与其均值发现,多数企业在智慧物流服务安全性和智慧信息系统水平上较高,但约一半企业的智慧物流设备水平和智慧物流服务便捷性水平较低。超过一半的企业在业务智慧运营、智慧管理创新、智慧物流技术及设备共享、人力资源共享和服务友好性等方面的智慧化水平偏低。

通过深入调查可知，智慧化水平最低的 $L(5)$ 是本次调查对象中经营年限最长的物流企业，其公司内部物流设施设备老旧，缺乏现代化设施和智慧化技术应用，且企业内部人员结构复杂，售后服务效率低，管理机制缺乏创新。而智慧化水平处于上游的 $L(3)$ 在本次调查对象中属于年轻化的物流企业，该企业投入大量信息化和智能化技术，有效整合物流资源，并实现资源共享，积极打造智慧化物流产业。由此可见，物流企业在提升智慧化水平过程中，应更加重视智慧技术及设备的应用，推进管理和人才创新，提升物流资源的共享水平，满足个性化、可预测性及高效的服务需求。

根据评价结果，为深入了解 11 家物流企业智慧化水平偏低的原因，尤其在技术、管理、共享和服务上智慧化水平表现偏低的原因。本节对参加调查的物流企业展开了进一步的调研，发现主要原因包括以下四个方面。

（1）技术开发资金短缺，专业研发水平有待提升。通过咨询和调查了解到，大部分物流企业期望利用技术提升智慧化水平，但八成以上的物流企业表示在开发智慧化物流技术时面临资金短缺的压力，企业自身没有充足的资金，希望可以得到外界的支持。同时，接近九成的物流企业认为企业内部存在技术专业知识不足的问题，并没有足够的研发能力进行智慧化物流技术创新。因此，解决资金短缺和提升专业研发能力是推动物流企业智慧化发展的首要任务。

（2）管理创新人才短缺，经验交流不足。实现管理创新是智慧化发展的动力，但物流企业在管理创新方面存在显著不足，主要表现为两个方面。一方面,智慧型人才缺乏,近七成的物流企业智慧物流人才比例低于40%,且缺乏针对员工的智慧物流培训。另一方面,跨企业的智慧化经验交流较少,企业多依赖内部经验,缺乏合适的跨企业交流渠道。因此,制订智慧型人才培养方案、加强智慧化发展经验的交流,对于物流企业智慧化管理创新具有重要意义。

(3)资源共享资质存疑,共享平台亟待完善。在共享经济发展影响下,物流企业对各种物流资源的共享趋势表示认同,尤其是年轻化的物流企业。但资源共享水平并不高,根据访问咨询得到两点主要原因。原因一是物流企业对资源共享双方的资质存在顾虑,资源提供方担心共享进程中资源受损后难以索赔,资源需求方则对共享资源的可靠性有所疑虑。原因二是缺乏正规的共享平台,积极共享的物流企业只能在小范围内共享资源,无法实现大范围共享。因此,解决共享信任问题、提供完善的共享平台,有助于推动物流企业的智慧化共享。

(4)物流服务内容有限,需求预测能力不足。提供优质物流服务是物流企业满足客户需求的关键。经营年限在10年以上的物流企业在传统物流服务方面较为成熟,但难以满足客户的个性化、多样化需求。而且,随着市场需求变化加快,一些客户往往要求物流企业对其提供物流需求预测服务,但由于预测处理技术、人才等方面的不足,多数物流无法提供精准的需求预测。因此,丰富物流服务内容并提升需求预测能力不仅能赢得客户,而且对于提升物流企业智慧化水平存在积极作用。

5.3.4 小结

本节采用上文构建的物流企业智慧化水平评价指标体系，通过匿名问卷方式收集到了 11 家物流企业数据，采用加权秩和比法对这些企业的智慧化水平进行了总体评价。然后，计算各企业在一级和二级指标上的加权得分，并将其与所有企业的总分均值进行比较，从而对 11 家物流企业的智慧化水平进行分级评价。最后，通过对评价结果的深入分析和进一步调研，总结出这些物流企业在提升智慧化水平方面面临的主要问题，为制定智慧化水平提升策略指明方向。

5.4 物流企业智慧化水平提升策略

根据前文的实证分析，发现部分物流企业的智慧化水平仍相对较低，主要体现在智慧化技术研发与应用不足、智慧化人才培养滞后、智慧化共享平台不完善以及智慧化服务内容不全面。为有效提升物流企业的智慧化水平，本章结合问卷调查及评估结果，通过文献研读及优秀经验借鉴，并参考物流企业"智慧塔"的运行模式，面向 11 家参与评价的物流企业及整个物流行业，从以下四个方面提出提升策略：一是夯实物流企业智慧化技术基础；二是推动物流企业智慧化管理创新；三是完善物流企业智慧化共享网络；四是优化物流企业智慧化服务的内容。

5.4.1 夯实物流企业智慧化技术基础

"智慧塔"运行模式的设计基础在于各类智慧物流技术。物流企业问卷反馈及评估结果显示，当前物流企业在智慧物流设备的投入及使用方面存在不足。然而，智慧化技术是物流企业提升智慧化水平的重要支撑，同时为其智慧化发展所需的智慧设备设施提供了必要的技术基础。因此，需要通过加强财政和金融支持、提供技术研发咨询，来夯实物流企业的智慧化技术基础。

5.4.1.1 加强财政税收支持

财政资金支持是政府部门激励物流企业研发与应用智慧化技术的政策手段，也是帮助物流企业克服资金短缺和技术升级困难的重要方式。加强财政税收支持，可以有效提升物流企业在研发、应用及推广智慧化技术方面的积极性。具体策略如下：

（1）制定财政补贴政策。物流企业广泛应用智慧化技术可以实现降本增效和资源整合的长远收益，但智慧化技术在研发和应用初期往往投入巨大，给企业带来财务压力，可能影响其提升智慧化水平的积极性。为此，政府应针对物流企业在智慧化技术研发、应用及推广方面制定相应的财政补贴政策，设置专项扶持基金，并根据研发应用程度定期调整财政补贴力度，激发物流企业自主提升研发与应用智慧化技术的能力。

（2）拓宽资金支持渠道。为有效缓解物流企业，尤其是中小微物流企业在夯实智慧化技术基础过程中面临的资金压力，政府除了提供财政补贴外，还应广泛召集社会多方力量，为物流企业拓宽资金支持渠道。可以出台相应政策引导银行、证券公司等金融机构对中小微物流企业提供融资帮助，使物流企业在研发、应用和推广智慧化技术上获得更多的资金支持。

（3）增加财政预算支持。物流企业在智慧化技术的研发、应用与推广，不仅有利于物流企业自身的发展，还能改善人民生活体验，推动社会物流及国家经济的良性发展。因此，政府在财政预算中应该增加智慧化技术研发、应用和推广的支持额度，以激励物流企业夯实智慧化技术基础，加快实现智慧化技术的推广效应，进一步推动物流企业智慧化发展进程。

5.4.1.2　提供技术研发咨询

提供技术研发咨询服务，包括对自动识别、信息处理、安全保障等多种类型的技术知识及它们涉及的学科知识的咨询服务。大部分物流企业属于中小微企业范畴，在专业技术人才储备及引进方面能力不足。因此，需要政府相关部门或社会相关机构为物流企业提供技术研发咨询服务，帮助这些企业逐步迈入技术研发与应用轨道。

（1）组建技术帮扶小组。针对中小微物流企业对智慧化技术的研发需求，由科技部门牵头，联合高校和研究所，并组织在智慧化技术研发上具有强劲实力的龙头物流企业，共同组建智慧化技术研发帮扶小组，为中小微等需要技术研发咨询的物流企业提供免费咨询服务。

（2）搭建技术合作平台。物流企业的智慧化技术研发不仅需要专业的物流知识，更需软件工程、信息工程等信息技术方面的专门知识。为适应社会分工日益精细化、专业化的趋势，鼓励具有技术研发能力的第三方企业、研究院及科研机构等加入智慧化物流技术研发团队。促成这些组织与物流企业达成技术研发合作协议，共同搭建技术合作平台，协同物流企业进行智慧化物流技术的研发。

5.4.2　推动物流企业智慧化管理创新

智慧化管理是提升物流企业智慧化水平的软支撑，包括合作关系、专业人才、经验交流等方面的管理内容。虽然智慧化管理并未在"智慧塔"运行模式中直接体现，但它渗透在整个模式的各个层级中，为该模式的智慧化运行提供了强有力的支持。根据问卷反馈和物流企业智慧化水平评估结果，管理创新水平普遍偏低，主要表现为智慧物流专业人才和知识经验的缺乏。因此，需要通过优化人才培养方案、建立智慧交流平台来推动物流企业的智慧化管理创新。

5.4.2.1　优化人才培养方案

优化人才培养方案不仅是维持客户关系、增强企业竞争力的关键因素，更是物流企业实施智慧化管理的重要内容。物流企业应根据物流行业的发展变化适时调整人才培养方案，以满足智慧物流的发展需求。具体人才调整策略如下。

（1）组织已就业物流人员再培训。目前，物流从业人员在现场操作方面经验丰富，但对智慧物流理论知识缺乏深入理解，尤其是常年在一线工作的人员。因此，建议由行业协会牵头，组织高校、研究机构和企业搭建智慧物流人才的再培训平台，对已就业人员进行定期培训，传授物流企业智慧化发展涉及的相关知识，使物流从业人员的知识储备与智慧物流发展步伐保持一致。

（2）更新高校物流人才培养计划。物流专业具备文理知识的综合性，所以智慧物流是涵盖物流、信息、计算机等多学科的交叉领域。因此，基于实践角度，需要有物流专业的高校多从物流企业人才需求出发，针对智慧物流发展需求，同步调整物流专业人才培养计划，加强物流企业智慧化发展需要的集管理和技术于一体的复合型人才培养。

5.4.2.2　打造智慧交流平台

打造智慧交流平台是帮助物流企业更全面、深入地理解智慧化理念的有效方式，能够有效化解部分企业对智慧化发展的观望或者反对态度，避免错失提升智慧化水平的良机。为给物流企业打造一个智慧化发展交流平台，具体策略如下：

（1）构建物流企业智慧化发展的多方交流平台。物流业是打通各行各业内外供应链的重要方式，渗透于各种生产、生活场景。因此，智慧化发展交流平台涵盖广泛的主体。通过邀请相关政府部门、行业协会、高校科研机构、供应商伙伴、物流企业等主体加入平台，实现物流企业智慧化管理经验的定期学习。

（2）推行试点物流企业的智慧化发展模式。从各地区的物流企业里，筛选出具备强影响性、号召性和领导性的龙头物流企业作为试点探索智慧化管理模式，积累创新实践经验。这些龙头企业可通过"先行示范、以点带面"的方式，持续与其他物流企业分享智慧化管理的经验，逐步推动行业整体的智慧化发展和管理创新。

5.4.3 完善物流企业智慧化共享网络

智慧化共享是"智慧塔"运行模式的核心，评估结果显示，物流企业在物流资源共享方面的水平不高，且共享积极性不强。通过咨询分析发现，导致物流企业智慧化共享水平和积极性不高的主要原因有两方面：一是缺乏共享渠道，二是尚未形成共享信用机制。因此，本节从建立共享信用评价机制和搭建物流资源共享平台两方面入手来完善物流企业智慧化共享网络。

5.4.3.1 建立共享信用评价机制

共享信用评价机制既是对物流资源提供方的权益保障，又是提升物流资源使用方信用的有效途径，需要政府部门和行业协会共同探讨和建立。具体策略如下：

（1）完善资源共享标准。随着全球共享经济和资源整合趋势的发展，物流企业的物流资源共享标准应得到补充和完善。政府部门应制定物流资源共享的统一标准，涵盖从开始申请共享到共享结束的全过程，包括共享价格、损坏赔偿和押金等条款。同时，鼓励并支持物流企业、行业协会、高校专家及标准化科研院所等主体参与资源共享标准的制定和完善工作中，为物流资源智慧化共享信用评价机制的推广提供标准支撑。

（2）建设共享资质审核体系。资质审核是建立共享供需双方信任的有效手段，应尽早开展相关工作。政府相关部门应制定物流资源共享双方的信用评价指标体系，组建评审团队，对申请加入共享平台的物流企业进行资质审核。此外，还需建立资格审核监督机制，保证信用评价工作贯穿资源共享的全过程，以保证资质审核的有效性和一致性。

5.4.3.2 搭建物流资源共享平台

搭建物流资源共享平台是实现物流设备、技术、设施等资源共享的有效渠道，也是提升物流企业智慧化水平的必要举措。通过充分利用互联网和信息通信技术，实现线上资源共享，具体策略如下：

（1）统一物流企业的智慧化作业流程及标准。统一的智慧化作业流程有助于凝聚物流产业资源，推动托盘、货架、集装箱等设备的共享。政府相关部门应以国际物流标准为基础，从物流企业智慧化发展需求出发，联合地方物流与采购联合会、各物流企业及物流领域专家学者，不断补充完善智慧化作业流程及标准体系。通过统一流程及标准，为资源共享平台建设奠定基础。

（2）搭建"信息上传、实物下达"的共享平台。在不断完善智慧化作业标准及流程的过程中，应主要由工信部组织现代信息技术开发企业，充分应用现代信息化技术手段，为物流企业搭建所需的资源共享平台。鼓励并安排信用评价达标的物流企业接入物流资源共享平台，实现线上物流资源信息的实时共享及线下物流资源的实体共享，有效构建资源共享的线上线下综合平台。

5.4.4 优化物流企业智慧化服务内容

智慧化服务是"智慧塔"运行模式中综合平台层的核心目标，也是物流企业提升智慧化水平的重要途径之一。然而，根据评估结果显示，约50%的物流企业不能较好地提供便捷性物流服务，60%以上的物流企业在友好性物流服务方面表现不佳。因此，本节从推出个性化服务套餐与提供需求预测服务渠道两个方面提出建议，来优化物流企业的智慧化服务内容。

5.4.4.1 推出个性化服务套餐

推出个性化服务套餐是指物流企业为满足客户的多样化需求，设计自主搭配套餐服务，包括运输方式、物流规划、仓库设计、交易时间和地点等。个性化服务套餐体现了智慧化服务的灵活性及人性化，具体策略如下：

（1）重视客户需求信息的征集。物流企业在日常服务过程中积极了解客户的个性化需求，并将客户需求信息记录后整理归档。区域性龙头物流企业可以定期组织本区域物流企业开展客户需求信息交流会。在全省范围内，物流企业之间也应建立客户个性化需求信息的交流渠道。通过持续向客户征集对个性化服务套餐的建议，企业可以及时了解客户最新需求，动态更新个性化服务内容。

（2）强化同行合作关系。受资源或资金限制，大多数中小微型物流企业难以提供全面的物流服务。因此，需要物流企业之间加强合作伙伴关系，联合推出个性化物流服务。物流企业可根据自身的主要业务内容，寻找业务上具备互补性的物流企业，建立长期的战略伙伴关系，通过合作弥补双方不擅长或缺乏的服务业务内容缺陷，共同制定个性化物流服务套餐。

5.4.4.2　提供需求预测服务渠道

提供需求预测服务渠道是指物流企业推广智慧化技术在各物流作业环节的应用，采集并分析物流环节数据和市场信息，结合大数据挖掘技术为客户提供需求预测的智慧化服务内容。需求预测服务将区别新老客户群体，为不同群体提供差异化的预测服务，具体策略如下。

（1）利用历史数据分析，预测老客户的需求。对于老客户群体，由于该群体与企业间已经发生过交易行为，所以物流企业可根据他们的往期交易记录，采用智能技术手段分析历史数据，及时预测具体客户的近期物流需求，并为其做预测方案设计，提高顾客满意度以稳定长期合作关系。

（2）通过市场信息挖掘，预测新用户的需求。对于尚未建立交易关系的新客户，物流企业可以根据其行业特征及市场信息，结合其咨询的物流需求，提供未来需求预测和物流规划建议，从而提升企业智慧化服务形象，吸引更多客户。

5.4.5 小结

本节结合前文研究分析,充分借鉴国内外优秀物流企业在智慧化发展方面的先进经验。基于部分物流企业的实际发展环境和现状,以实现物流企业"智慧塔"运行模式为目标,通过这些物流企业智慧化水平的问卷调查反馈和评估结果,分别从技术、管理、共享、服务四个角度为切入点,总结提炼策略,分别从夯实物流企业智慧化技术基础,推动物流企业智慧化管理创新,完善物流企业智慧化共享网络,优化物流企业智慧化服务内容四个方面给出物流企业智慧化水平提升策略,希望有助于推动物流企业的智慧化发展进程。

第 6 章

应急智慧供应链质量影响因素

6.1 应急智慧供应链质量内涵

应急供应链起源于应急管理领域，并结合了供应链的要素特征。早期，王宪春（2009）提出了关于应急供应链的定义，2009 年，复旦大学的罗刚教授在上海信息化与工业融合会议上首次提出"智慧化供应"的概念。经过多年的理论探索和实践积累，这两种供应链体系都获得了更新的定义。应急智慧供应链是在应急供应链的基础上发展而来，借鉴了智慧供应链中的人工智能、大数据和区块链等智能技术，融合了协同、共享和创新的运作方法和理念，显著提升了传统应急供应链的管理效率和响应能力，以更好地满足应急保障的需求。应急智慧供应链特别注重在应急响应过程中以时间效率为核心目标，运用智能化技术和先进的信息技术手段实现供应链各环节的智能监控、数据分析和决策支持。从质量管理的角度出发，供应链质量指的是在供应链各个环节中，保证产品或服务能够迅速满足市场需求，并实现经济效益和客户满意度的能力。然而，目前暂未发现关于应急智慧供应链质量的专门定义。本书对现有的应急智慧供应链相关概念进行了定义对比、特点分析和应用实例总结，见表6－1。

表6－1   应急智慧供应链质量相关定义对比表

作者	概念	定义	特点	实例
王宪春（2009）；董海，高秀秀，魏铭琦（2023）；姜旭，赵凯，汤韵晴（2024）；龚卫锋（2014）	应急供应链	以应急保障部门为中心，从应急保障源头单位起始，经由各个保障环节，最后将应急保障资源交付给最终保障对象的一个完整的功能网络结构模式	强调紧迫性、灵活性、快速响应能力	应用于应急管理、自然灾害应急、公共卫生事件响应等
刘伟华，曾勇明，乔显苓（2022）；范贝贝等（2023）；李玉凤，邢淋淋（2017）	智慧供应链	是以人工智能、大数据和区块链等智能技术为支撑，通过协调、共享、创新的运作方法与理念，实现产品从计划、采购、生产、物流到可能的退货的全生命周期高效协同的组织形态	注重信息技术和数据分析驱动、智能化、自动化	应用于供应链管理、物流和库存优化、供应链追溯等
李姚娜，胡志华（2021）；史丹青（2021）；王等（Wang et al.，2022）	应急智慧供应链	以政府应急管理部门为指挥控制中心，通过与其他政府部门、社会企业、公共组织等共同合作而组建的以时间效率为核心目标，借助智慧化手段，将应急物资经由生产、筹措、储备、运输、配送、售后等环节，满足应急需求的动态供需网络	综合了应急供应链和智慧供应链的特点	应用于应急管理、突发事件响应、物资调配和协调

作者	概念	定义	特点	实例
奎伊等（Kuei et al., 2008）；苏秦，张文博（2024）；巴斯塔斯和莉雅娜（Bastas & Liyanag, 2018）	供应链质量	在供应链的各个环节中，保证产品或服务能够迅速满足市场需求，并实现良好的经济效益和客户满意度的能力	强调满足客户需求和提供优质产品或服务	适用于各种行业和领域，包括制造业、零售业、物流业等
本书作者	应急智慧供应链质量	指在应急响应过程中，应急主体利用现代信息技术手段，有效控制供应链运作中各环节的质量风险，实现物资的高效准确配送，从而保障受灾群众的基本生活和医疗需求的综合能力	强调敏捷性、响应速度和资源调配的有效性，以应对突发事件的需求	应用于突发公共卫生事件、自然灾害、紧急救援等应急管理领域

在综合分析应急智慧供应链概念及供应链质量相关研究的基础上，本节认为，应急智慧供应链质量是指在应急响应过程中，应急主体利用现代信息技术手段，有效控制供应链运作中各环节的质量风险，以实现物资的高效精准配送，从而保障受灾群众的基本生活和医疗需求的综合能力。例如，借助物联网、大数据、人工智能、云计算、区块链等智能技术，增强供应链的透明度、协同性和响应速度。应急主体通过监控和管理应急智慧供应链内物资的订购、储备、运输、分配等关键环节，确保物资送达的质量、数量和时效性，最大限度地提供适合的物资与服务支持，满足受灾群众的需求。具体而言，应急智慧供应链质量涉及供应链各环节的质量特性，如应急物资供应的及时性、准确性、完整性、稳定性和可靠性；应急物资的质量符合相关标准和要求；应急物资的储备、运输、配送等环节的效率和安全性；以及供应链

成员单位之间的协作和协调能力。同时，还需要考虑信息技术的支撑能力、扩展能力以及信息共享能力。

6.2 应急智慧供应链质量影响因素理论模型

6.2.1 应急智慧供应链质量影响因素梳理

目前，国内外针对应急智慧供应链质量影响因素的研究尚未形成系统的理论和实证结果。本节在总结前人关于供应链管理理论影响因素研究的基础上，借鉴应急管理影响因素的研究，归纳出适用于突发公共卫生事件背景下应急智慧供应链质量的影响因素，如表 6 - 2 所示。

表 6 - 2   突发公共卫生事件下应急智慧供应链质量影响因素梳理表

理论基础	因素梳理	特点	文献来源
供应链管理	组织管理指挥能力	风险管理、政企合作类	Bastas & Liyanage，2018；洪流等，2023；孙海雯和魏娟，2023；贺金霞，2019
	信息技术支撑能力	科研创新、设施建设类	Wang et al.，2022；彭树霞和李波等，2021；刘伟华和王思宇等，2020；刘伟华等，2021
	物资筹措征集能力	采购储备、运作流程类	钱存华和陈海滨，2023；许振宇等，2015；孙学军和王灵晨等，2023
	物流运输配送能力		

理论基础	因素梳理	特点	文献来源
应急 管理	应急准备响应能力		彭玉凤，2023；陈正杨，2013；刘严萍
	人道救助服务能力		和侯光辉，2024

在供应链影响因素的研究方面，不同学者提出了各自独特的见解，但总体来看，影响因素主要包括基于供应链管理理论的风险管理和政企合作类组织管理能力；基于智慧供应链理论的科研创新和设施建设类技术支撑能力；基于应急供应链理论的采购储备和运作流程类物资筹措和运输配送能力。巴斯塔斯和利亚纳格（Bastas & Liyanag，2018）从经济、生态和社会三个维度考察了供应链组织内部与组织间管理的协同效应，旨在构建更可持续的供应链。洪流等（2023）指出，未来供应链韧性研究的方向包括宏观层面的多维体系和综合协调，以及企业层面的循序渐进和持续改进。孙海雯和魏娟（2023）基于WSR（物理—事理—人理）理论识别并提取了前置仓模式下生鲜农产品供应链的12个风险影响因素，其中"人理"层次包括人员素质水平和管理层质量意识两个二级指标。贺金霞（2019）基于关系管理理论研究了影响供应链协同的关键要素，包括组织间目标的一致性、相互兼容性、信任和承诺。王等（Wang et al.，2022）则强调在选择应急供应链的智能技术时，应考虑可靠性、成本和成熟度三个核心标准，指出自动检测、远程机器操作和机器人技术对于维持生产稳定性的关键作用。彭树霞和李波等（2021）针对智慧供应链的创新性水平、协调性水平

和可持续性水平构建评价指标体系，其中创新性主要评估智慧供应链在信息科技应用层面的发展水平。刘伟华和王思宇等（2020）认为，智慧技术的提升、应用水平和生态化发展将积极促进供应链的发展。刘伟华等（2021）总结了影响城市智慧供应链的主要因素——基础设施、人力资源、资金投入和企业创新。钱存华和陈海滨等（2023）针对突发灾害情况下的应急供应链的 16 个韧性影响因素，包括供应链采购、运输、仓储、组织保障和信息系统进行分析。许振宇等（2015）分析应急供应链可靠性的影响因素，构建包括保障机制、信息系统、网络结构、运作流程和资金保障五个方面的评价指标体系。孙学军和王灵晨等（2023）构建了以需求驱动的应急物资供应链模型，涵盖应急物资生产、调配和消耗三个阶段，并引入了应急供应链效率评价指标体系。

在应急管理影响因素研究中，学者们认为应急响应和人道救援是构建应急管理体系的核心。彭玉凤（2023）将全科医生在突发公共卫生事件中的应急能力分为预防、准备和救援三个维度。陈正杨（2013）则将协同学理论引入应急供应链管理中，指出协同管理符合社会救援主体的自组织特性，有助于提高应急资源整合效率。刘严萍和侯光辉等（2024）采用程序化扎根理论和社会网络分析方法发现，思想观念、知识结构、制度建设、过程管控及主体能力是影响重大突发事件应急管理效能的关键因素。

基于以上学者的研究，本节总结出在突发公共卫生事件中影响应急智慧供应链质量的六大核心因素：信息技术支撑能力、应急准备和响应能力、物资筹措能力、物流运输配送能力、组织管理指挥能力以及人道救助服务能力。

6.2.2 应急智慧供应链质量影响因素假设

（1）信息技术支撑能力对应急智慧供应链质量的影响。信息技术的广泛应用促进了应急智慧供应链的数字化和智能化发展。通过先进的信息系统和技术工具，数据管理变得更加高效，支持了供应链关键环节的精准控制。信息技术的发展使得大数据、物联网和人工智能等新兴技术能够更好地应用于数据采集、处理和分析，从而为应急物资的需求预测、库存管理等提供了更为精准和实时的支持。此外，信息技术的应用促进了信息在供应链各环节的高效共享。供应链的参与方可以通过信息技术平台实现信息的即时传递，从而提高应急响应的协同效率，减少信息传递中的滞后性和不确定性。然而，供应链的多方合作特性使得信息平台之间的互通性及信息标准的统一性仍需进一步改善，以提升信息流通的流畅度。此外，应急智慧供应链涉及大量敏感数据，因此信息安全问题也亟须加强。

任永珍（2022）利用物联网构建饲料企业供应链信息服务平台，通过各模块的优化提升了供应链信息服务的质量。陈洁梅和林曾（2023）的研究表明，数字基础设施建设能够有效推动农业产业链的现代化发展，且对邻近区域的农业供应链现代化具有正向的空间溢出效应。张华和顾新（2023）指出，供应链数字化对制造企业的生存与发展具有举足轻重的作用，数字技术应用对提升供应链弹性有积极作用。徐德安和曹志强（2022）的研究表明，大数据分析能力显著促进了供应链的协同效应。王可和周亚拿（2019）认为信息共享是供应链中建立合作关系的基础，企业间通过信息共享可有效构建企业间的信任关系。王宇鹏（2020）指出，信息共享不只是信息交换，更是将企业中的重要信息与其他企业共享，这有利于促进企业间的信任关系。闵志慧和孔丽媛（2023）认为，在信息共享基础上的供应链能够有效减少供应链成本并提升管理效率。

基于以上分析，本节选取系统建设、数据处理和信息共享三个维度作为信息技术支撑能力的影响指标。其中，系统建设包含信息平台的专业性，数据处理包含数据采集和分析能力，信息共享则包含信息的及时性、保密性和有效性，进而提出如下假设。

H1：信息技术支撑能力对提高应急智慧供应链质量具有正向影响。

（2）应急准备响应能力对应急智慧供应链质量的影响。应急准备响应能力主要关注响应速度。通过实时监测手段，应急主体能够迅速地察觉潜在问题，及时决策和行动，从而降低灾害风险带来的损失。在应急准备工作中，完善的应急预案和风险评估机制尤为重要。应急主体需基于集中管理、统一调拨、平时服务、灾时应急、智能管理和高效节约的原则，有序地应对各种紧急情况。然而，当前的应急准备仍面临一些挑战，例如储备资源的方式和类型，以及在突发事件中如何更迅速、更合理地调配这些资源，需要应急主体更为细化的考虑和改进。此外，一线志愿人员的救灾演习和意识普及尚待进一步加强。

郑宏源（2023）指出，应急预案需要由政府工作人员和应急管理专业人员协商，在充分调研的基础上综合考虑可行性、有效性和完备性，兼顾专业和部门两个维度不断调整。风险管理理论认为，快速高效地执行应急预案是响应和恢复的基础，制定可行的预案是有效执行的前提。叶先宝和苏瑛荃等（2020）指出，应急预案的系统化和规范化应与应急预案体系的现状和核心价值相一致。综合应急管理理论强调，标准化应急响应组织结构的建立是实现应急联动和指导应急处理的关键。戚建刚和张景玥（2016）认为，组织、人员和资源的全面调动是应对突发事件的重要基础，在短时间内调动和凝聚多元主体的力量是执行应急预案的关键问题。祁超和王红卫（2015）认为应急演练是识别薄弱环节、完善处置流程和提升团队协作能力的重要方法。

基于以上分析，本节选取应急预案和应急队伍两个维度作为应急准备响应能力的影响指标。其中，应急预案包含完善性和可行性，应急队伍包含监测预警能力、应急反应速度和应急演练水平，进而提出如下假设。

H2：应急准备响应能力对应急智慧供应链质量存在正向影响作用。

（3）物资筹措征集能力对应急智慧供应链质量的影响。物资筹措征集能力的核心是协调社会各界资源，实现急需物资的迅速调集与储存。在物资供应方面，高效的供应网络能及时获取急需物资，通过精准的物资需求统计有效评估风险区域的需求，从而提高物资配置的精准性。在物资仓储方面，合理、安全的仓储体系保证了物资管理和储备的有效性。长期而言，良好的物资筹措能力能够促进储备物资的及时更新，并加强与物资生产企业的合作，以获取最新的物资信息和技术支持，增强应急智慧供应链的长期可持续性。

杨德明和刘泳文（2018）认为利用数字分析技术能有效识别客户真实需求的隐蔽性和波动性特点，企业可以精细划分并精准把握客户需求。项寅（2023）认为，政企联合配置应急物资是提高灾后应急能力及降低成本的有效途径。王立等（2019）通过应急物资数量、类别和联动等指标构建了应急物资储备完善度评价模型。胡少龙等（2018）指出，除了传统实物存储形式，平时也可进行物资生产能力储备，以便灾害事件发生时能迅速启动生产，将生产能力转化为实体物资供政府调配。

基于以上分析，本节选取物资供应和物资仓储两个维度作为物资筹措征集能力的关键指标。其中，物资供应包含物资需求统计能力、物资供应渠道多样性、物资来源追溯能力和物资质量与安全水平。物资仓储包含应急仓储容量、物资储备管理能力和仓库吞吐效率，进而提出如下假设：

H3：物资筹措征集能力对应急智慧供应链质量存在正向影响作用。

（4）物流运输配送能力对应急智慧供应链质量的影响。物流运输配送能力不仅关乎运输速度，更关乎运输过程的安全性和稳定性。确保物资安全送达是提升应急智慧供应链质量的基础，采用先进的安全管理措施能有效降低运输过程中的各类风险，如交通事故和物资损耗等。通过精确评估和高效分配急需物资，能够避免在应急情况下资源的浪费和物资的短缺问题，从而最大限度地利用有限的救援资源。先进的物流系统可以实现对物资运输全过程的实时监测和追踪，有助于应急管理人员全面了解物资流向，使其能够及时调整物流计划，确保应急物资能够迅速准确地抵达目的地。

潘郁和余佳等（2007）考虑应急活动成本和灾害损失，构建了以最小化总成本为目标的连续消耗型应急物资调度模型。郑昊和高岩（2013）以最快应急时间为目标，假设应急物资消耗率为非负可积函数，建立连续消耗型应急物资调度模型。卢建锋等（2020）建立了以最小缺货损失、最短调运时间与最低调运总环境风险为目标的危化品事故连续消耗应急物资调度优化模型。唐和维伦图尔夫（Tang & Veelenturf，2019）认为在"互联网＋高效运输""互联网＋智能仓储""互联网＋便捷配送""互联网＋智能终端"等典型场景中智慧物流有助于缩短物资运转周期。张树山等（2023）认为智慧物流可以打破链域与地域的时空限制，强化供应链"延链""补链"能力，增强供应链韧性。

基于以上分析，本节选取物资损耗和运输时效两个维度作为物流运输配送能力的关键指标。其中，物资损耗包含物资数量和质量损耗率，运输时效包含运输装备和运输人员充足程度、交通网络管理能力和物资到位情况，进而提出如下假设。

H4：物流运输配送能力对应急智慧供应链质量存在正向影响作用。

（5）组织管理指挥能力对应急智慧供应链质量的影响。组织管理指挥能力注重对整体局势的宏观把控和跨部门的组织协调。

在宏观把控方面，有效的监督管理制度是应对突发风险的坚实后盾，制定明确的法规和标准、规范流程和程序，确保监管机构严格执行，有助于保证潜在风险保障供应链各节点行为的合规性。强大的管治能力代表政府机构能够快速果断地采取行动，制定并执行有力的应急管理计划。在组织协调方面，科学合理的应急组织结构至关重要。政府领导应确保机构间沟通顺畅，部门协作紧密，最大限度地发挥协同效应。

王永明和郑姗姗（2023）认为应急管理效能反映了政府推进应急管理体系现代化的执行能力和效益。周等（Zhou et al.，2017）指出科学的组织架构、清晰的责任分工以及统一的政府领导等因素是影响应急管理成效的关键。代海军（2023）认为以法治思维和法治方式为支撑，将应急管理与法治建设有机结合能够推进应急管理体系和能力现代化。郭凯（2022）认为，在突发公共事件下，共同承诺、协同规模和应急结构是实现高水平跨部门协同效能的必要条件。李胜和高静（2020）认为突发事件协同治理需从结构优化、过程管控、风险认知和反思发展四个维度来考量。卜凡和彭宗超（2023）认为临时性组织在应急管理的快速决策与协同响应中发挥重要作用，强调在短时间内将任务安排从无序转向有序，快速吸纳具有差异化的成员并组织行动，以及在不确定的环境中重新构建组织关系系统等。

基于以上分析，本节选取宏观把控和组织协调为组织管理指挥能力的影响指标。其中，宏观把控包含政府管治能力和监管制度的有效性，组织协调包含应急结构的合理性和部门协作能力，进而提出如下假设。

H5：组织管理指挥能力对应急智慧供应链质量存在正向影响作用。

（6）人道救助服务能力对应急智慧供应链质量的影响。人道救助服务的目标是以人为本，提供全面支持，帮助受灾群体尽快恢复正常生活，减轻其所遭受的损失和痛苦。在实现这一目标的过程中，员工的专业素养直接影响人道救助服务的质量和效率。在面对紧急情况时，员工须具备相关领域的知识、技能和经验，以确保他们能够高效提供专业服务。员工在具备专业素养的基础上，能更好地理解受灾群众的需求和感受，为其提供更为贴心、人性化的服务。在实施精准救助的现场应急处置中，员工熟练运用专业知识和操作技能，将提高对灾后服务的处理能力，确保应急智慧供应链的顺畅运作。

李婷婷和常健（2023）认为积极引导居民参与社区志愿服务有助于增强社区应急力量。喻尊平（2013）建议在灾害应急管理和志愿者管理中设立完善的志愿者培训制度，结合志愿服务基础培训与专业知识技能培训，提高志愿服务的质量和水平。阮雪琴和淳于中博（2009）提出支持社区志愿者应急救援服务体系建设，可从建立统一协调机构、加强应急救援管理、提高救援物资与实际需求契合度以及建立社区志愿者社会激励机制四个方面着手。熊先兰和王思懿等（2023）针对突发事件治理过程从落实精准帮扶、健全关怀制度、完善治理主体和注重技术融合等方面提出实践路径，帮助弱势群体突破信息贫困状态。范维澄（2007）认为建立科学的非常规突发事件应对模式和实施及时有效的应急措施是当前亟须解决的问题。陈雪龙和张钟等（2024）认为针对

非常规突发事件特定的情景适时生成有效的应急方案的核心是
"情景—应对"，强调应急方案的生成必须兼顾后续动态调整的需
要，具备可灵活调整的特性。

　　基于以上分析，本节选取志愿服务和精准救助两个维度作为
人道救助服务能力的影响指标。其中，志愿服务包含员工专业素
养水平与服务能力和人文关怀措施，精准救助包含现场及后期应
急处置能力，进而提出如下假设。

　　H6：人道救助服务能力对应急智慧供应链质量存在正向影响
作用。

6.2.3　应急智慧供应链质量影响因素理论模型

　　通过上文分析可知，应急智慧供应链质量的影响因素可概括
为以下六个方面：信息技术支撑能力、应急准备响应能力、物资
筹措征集能力、物流运输配送能力、组织管理指挥能力、人道救
助服务能力。其中，信息技术支撑能力包括系统建设、数据处理
和信息共享维度；从应急预案和应急队伍维度来描述应急准备响
应能力；从物资供应和物资仓储维度来描述物资筹措征集能力；
从物资损耗和运输时效维度来描述物流运输配送能力；从宏观把
控和组织协调维度来描述组织管理指挥能力；从志愿服务和精准
救助维度来描述人道救助服务能力。基于此，构建了突发公共卫
生事件下应急智慧供应链质量影响因素的理论模型，如图 6 - 1
所示。下文将深入分析这六大因素对应急智慧供应链质量的影响
机制。

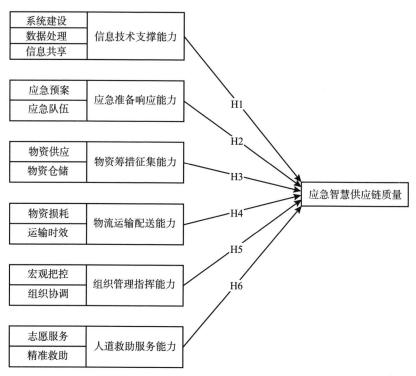

图 6 - 1　突发公共卫生事件下应急智慧供应链质量影响因素理论模型

6.3　应急智慧供应链质量影响因素实证分析

6.3.1　结构方程模型

结构方程模型（structural equation model，SEM）是一种多变量统计分析方法，用于描述和分析观察变量之间的关系。SEM 综合了因子分析和路径分析的特点，不仅可以测量观察到的变量，还能考察它们的直接和间接关系，同时纳入测量误差和潜在变量。SEM 在应急管理领域中常被用于影响因素分析和评价体系构建等方面。相较于传统方法，SEM 能够处理多层次、多变量的数据结构，使研究者能够在同一模型中全面分析多个变量之间的直接和间接关系，从而对复杂交互过程有更深入的理解。通过引入潜在变量，SEM 能够更好地捕捉难以直接观察到的概念或不易测量的现象，进一步提升了模型的解释和预测能力。此外，SEM 通过卡方拟合度、均方根误差逼近指数等统计指标，用以检验模型与实际数据的拟合程度，进而评估模型的可信度，强调了研究结果的精确性和真实性。

SEM 模型由测量模型和结构模型两部分组成。测量模型用于描述潜在变量与观测变量之间的关系，基于观测变量构建潜在变量，并通过因子载荷（factor loadings，FL）来表示观测变量对潜在变量的贡献程度。该模型常使用公式：$X = \Lambda \xi + \zeta$ 来表示，其中，X 是观测变量矩阵，Λ 是因子载荷矩阵，ξ 是潜在变量矩阵，ζ 是误差矩阵。结构模型用于描述潜在变量之间的关系。其通过路径系数（path coefficients，PC）表示变量之间的直接或间接关系。这一模型通常通过方程组来表示：$\xi = B\xi + \eta$，其中，B 是路径系数矩阵，ξ 是潜在变量矩阵，η 是误差矩阵。

6.3.2 应急智慧供应链质量影响因素实证研究

6.3.2.1 问卷总体研究与设计

（1）问卷总体设计。

问卷调查是一种有效的实证分析方法，有助于准确检验研究假设的正确性。为了设计高质量的调查问卷，明确研究目的并加以突出至关重要。基于对相关文献的研读和资料查阅，选取与本研究相关的变量，初步设计量表，形成问卷初稿。为了使问卷更易于受访者填写，笔者在与有经验的专业人士及专家深入讨论后适度修改了问卷。在此基础上，开展小规模的预调研，对量表进行信度检验。信度检验通过后，正式向调研对象大规模发放问卷，并进行数据回收。具体流程如图6-2所示。

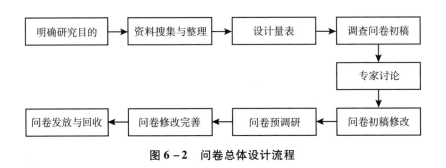

图6-2 问卷总体设计流程

（2）样本选取。

本节研究对象为突发公共卫生事件的应急智慧供应链。除了向应急管理部门或机构发放问卷之外，还需要考虑物流企业、供应链领域的学者及受灾群众的意见。因此，问卷的发放对象为应急管理部门或机构的相关工作人员，供应链研究学者及供应链行业专家，物资供应商、物流企业的负责人或运营人员，受灾地区的应急响应人员（如医疗救援人员、志愿者及基层服务人员等），受灾群众及曾受影响的社会公众。

本次问卷主要采用两种发放方式，分别是现场发放和网络发放。现场发放涵盖在校园内向教师、学生和学校后勤人员发放问卷，在父母所在的医疗单位及周边社区向工作人员和基层服务志愿者发放问卷。网络发放则主要通过电子邮件向相关专家和企业发送问卷，以及通过"问卷星"平台和社交媒体朋友圈的互动转发方式获取问卷数据。

（3）量表设计。

本研究的核心在于分析突发公共卫生事件下应急智慧供应链质量的关键影响因素及其与供应链质量的关系。问卷采用 Likert 量表，以评估受访者对应急智慧供应链质量影响因素的重要性评判，其中数字 1 到 5 表示重要性程度的逐级递增。问卷由三部分组成：填写说明、应急智慧供应链质量影响因素和受访者的身份信息。为确保问卷质量，本研究在设计问卷时参考了相关文献中的成熟指标，并结合理论资料与专家访谈，确定了一些与突发公共卫生事件下应急智慧供应链实际运行情景相关的指标。具体指标如表 6-3 所示。

表 6-3　　突发公共卫生事件下应急智慧供应链质量影响因素测量量表

影响因素	维度	测量题项	来源
信息技术支撑能力（information technology support，ITS）	系统建设	信息平台专业性（ITS1）	访谈问卷
	数据处理	数据采集能力（ITS2）	徐德安和曹志强（2022）
		数据分析能力（ITS3）	
	信息共享	信息及时性（ITS4）	王宇鹏（2020）
		信息保密性（ITS5）	
		信息有效性（ITS6）	

影响因素	维度	测量题项	来源
应急准备响应能力（emergency preparedness response，EPR）	应急预案	应急预案完善性（EPR1）	郑宏源（2023）
		应急预案可行性（EPR2）	
	应急队伍	监测预警能力（EPR3）	戚建刚和张景玥（2016）；祁超和王红卫（2015）
		应急反应速度（EPR4）	
		应急培训演练（EPR5）	
物资筹措征集能力（material control system，MCS）	物资供应	物资需求统计能力（MCS1）	杨德明和刘泳文（2018）；项寅（2023）
		物资供应渠道多样性（MCS2）	
		物资来源追溯能力（MCS3）	
		物资功能质量与安全的优良程度（MCS4）	
	物资仓储	应急仓储容量（MCS5）	王立等（2019）
		物资储备保管能力（MCS6）	
		仓库吞吐效率（MCS7）	
物流运输配送能力（logistics transportation and distribution，LTD）	物资损耗	物资数量损失率和质量损耗率（LTD1）	郑昊和高岩（2013）
	运输时效	运输装备和运输人员充足程度（LTD2）	访谈问卷
		交通网络管理能力（LTD3）	
		物资及时到位情况（LTD4）	
组织管理指挥能力（organizational management and command，OMC）	宏观把控	当地政府管治能力（OMC1）	王永明和郑姗姗（2023）
		监管管理制度的有效性（OMC2）	
	组织协调	应急组织结构的合理程度（OMC3）	郭凯（2022）；卜凡和彭宗超（2023）
		组织协调合作能力（OMC4）	

续表

影响因素	维度	测量题项	来源
人道救助服务能力（humanitarian assistance services，HAS）	志愿服务	员工专业素养水平与服务能力（HAS1）	喻尊平（2013）
		人文关怀措施（HAS2）	
	精准救助	现场及后期应急处置能力（HAS3）	陈雪龙和张钟等（2024）
应急智慧供应链质量（emergency smart supply chain quality，ESSCQ）	协同节点	协同质量保障（ESSCQ1）	
	供应节点	供应质量保障（ESSCQ2）	
	仓储节点	仓储质量保障（ESSCQ3）	
	运输节点	运输质量保障（ESSCQ4）	
	需求节点	需求质量保障（ESSCQ5）	

（4）问卷预调研。

本次预调研对校内从事供应链管理研究的学员进行了小样本测试，共发放问卷 40 份，回收有效问卷 38 份。通过 SPSS Statistics 26 对量表进行信度分析，采用相关系数（correlation coefficient，CC）和克隆巴赫系数进行评估，结果如表 6 - 4 所示。根据农纳利（Nunnally，1978）关于量表修正的建议，如果 CC 值低于 0.5，除非有充分的理由保留该题项，否则应予以删除。表 6 - 4 显示，各个维度的克隆巴赫系数均大于 0.8，表明具有较高的内部一致性，因此，最终确定有效指标为 34 个。

表6-4　　突发公共卫生事件下应急智慧供应链质量各指标

变量的信度分析 （n=38）

变量	题项	CC	删除该题项的克隆巴赫 Alpha	克隆巴赫 Alpha
信息技术支撑能力（ITS）	信息平台专业性（ITS1）	0.689	0.812	0.847
	数据采集能力（ITS2）	0.683	0.812	
	数据分析能力（ITS3）	0.563	0.834	
	信息及时性（ITS4）	0.839	0.791	
	信息保密性（ITS5）	0.712	0.807	
	信息有效性（ITS6）	0.536	0.873	
应急准备响应能力（EPR）	应急预案完善性（EPR1）	0.548	0.83	0.833
	应急预案可行性（EPR2）	0.736	0.792	
	监测预警能力（EPR3）	0.532	0.826	
	应急反应速度（EPR4）	0.823	0.768	
	应急培训演练（EPR5）	0.729	0.778	
物资筹措征集能力（MCS）	物资需求统计能力（MCS1）	0.788	0.911	0.925
	物资供应渠道多样性（MCS2）	0.735	0.916	
	物资来源追溯能力（MCS3）	0.785	0.911	
	物资功能质量与安全的优良程度（MCS4）	0.698	0.921	
	应急仓储容量（MCS5）	0.870	0.902	
	物资储备保管能力（MCS6）	0.814	0.908	
	仓库吞吐效率（MCS7）	0.690	0.922	
物流运输配送能力（LTD）	物资数量损失率和质量损耗率（LTD1）	0.859	0.796	0.879
	运输装备和运输人员充足程度（LTD2）	0.746	0.849	
	交通网络管理能力（LTD3）	0.741	0.844	
	物资及时到位情况（LTD4）	0.652	0.881	

变量	题项	CC	删除该题项的克隆巴赫 Alpha	克隆巴赫 Alpha
组织管理指挥能力（OMC）	当地政府管治能力（OMC1）	0.747	0.924	0.918
	监督管理制度的有效性（OMC2）	0.826	0.891	
	应急组织结构的合理程度（OMC3）	0.876	0.871	
	组织协调合作能力（OMC4）	0.828	0.888	
人道救助服务能力（HAS）	员工专业素养水平与服务能力（HAS1）	0.798	0.786	0.874
	人文关怀措施（HAS2）	0.664	0.904	
	现场及后期应急处置能力（HAS3）	0.816	0.766	
应急智慧供应链质量（ESSCQ）	协同质量保障（ESSCQ1）	0.716	0.836	0.866
	供应质量保障（ESSCQ2）	0.834	0.801	
	仓储质量保障（ESSCQ3）	0.668	0.842	
	运输质量保障（ESSCQ4）	0.694	0.839	
	需求质量保障（ESSCQ5）	0.629	0.872	

6.3.2.2 描述性统计分析

通过对预调研的信度分析，确定了 34 个指标，进而本研究能进入大规模的正式调研阶段。为了增强研究的科学性和现实意义，在提高样本量的同时，对样本的地域选择也扩展到了全国各地。通过网络和现场发放的方式，完成样本的收集工作，有效样本总计为 337 份，满足了农纳利（Nunnally，1978）对于有效样本至少为测量题项 5 倍的要求。调研对象的具体情况如表 6-5 所示。

根据表 6-5，337 位调研对象中，学生和其他人员占比较

多，是突发公共卫生事件中的受灾主体，此类群体能够切实评估
应急智慧供应链的状况。此外，还包括供应链领域学者、应急管
理部门或机构工作者、医疗救援机构人员，其不仅具有学术研究
背景，还拥有丰富的行业经验，保证问卷调研对象的合理性。调
研对象年龄主要分布在 30 岁及以下，本科及硕士及以上学历的
人数占比达到 79.8%，具备较高学历水平，能够为研究结果提供
科学的支持。

表 6 – 5　　　　　　　　　　调研对象的具体情况

个人信息	分类	数量	百分比 （%）	累计百分比 （%）
年龄	30 岁及以下	205	60.8	60.8
	31 ~ 40 岁	44	13.1	73.9
	41 ~ 50 岁	54	16.0	89.9
	50 岁以上	34	10.1	100.0
学历	本科	154	45.7	45.7
	硕士及以上	115	34.1	79.8
	其他	68	20.2	100.0
职业	供应链研究学者	15	4.4	4.4
	供应链行业专家	3	0.9	5.3
	应急管理部门或机构工作者	10	2.9	8.2
	供应链相关企业	5	1.5	9.7
	医疗救援机构	12	3.6	13.3
	学生	106	31.5	44.8
	其他	186	55.2	100.0

此外，为了检验搜集的数据是否服从正态分布，使用 SPSS Statistics 26 进行基础统计分析，主要包括最大值、最小值、均值、标准差、偏度和峰度等指标。具体结果如表 6 - 6 所示。

表 6 - 6　　　　　　　　观测变量描述性统计

观测变量	样本数	最小值	最大值	均值	标准差	偏度	峰度
信息平台专业性（ITS1）	337	1	5	3.05	1.126	0.014	- 0.678
数据采集能力（ITS2）	337	1	5	3.14	1.027	- 0.133	- 0.483
数据分析能力（ITS3）	337	1	5	3.06	1.035	0	- 0.476
信息及时性（ITS4）	337	1	5	3.13	1.024	0.02	- 0.595
信息保密性（ITS5）	337	1	5	3.12	1.036	- 0.04	- 0.672
信息有效性（ITS6）	337	1	5	3.26	0.919	- 0.038	- 0.35
应急预案完善性（EPR1）	337	1	5	2.8	1.004	0.243	- 0.387
应急预案可行性（EPR2）	337	1	5	2.78	1	0.171	- 0.513
监测预警能力（EPR3）	337	1	5	2.8	0.943	0.208	- 0.135
应急反应速度（EPR4）	337	1	5	2.77	0.999	0.057	- 0.435
应急培训演练（EPR5）	337	1	5	2.72	0.961	0.206	- 0.199
物资需求统计能力（MCS1）	337	1	5	3.15	1.028	- 0.142	- 0.466
物资供应渠道多样性（MCS2）	337	1	5	3.06	1.084	0.023	- 0.601
物资来源追溯能力（MCS3）	337	1	5	3.04	1.058	- 0.044	- 0.642
物资功能质量与安全的优良程度（MCS4）	337	1	5	3.02	1.072	- 0.12	- 0.615
应急仓储容量（MCS5）	337	1	5	2.88	1.106	0.024	- 0.692
物资储备保管能力（MCS6）	337	1	5	2.98	1.026	0.052	- 0.518
仓库吞吐效率（MCS7）	337	1	5	3.01	1.08	- 0.012	- 0.658
物资数量损失率和质量损耗率（LTD1）	337	1	5	2.98	0.909	0.119	- 0.138

观测变量	样本数	最小值	最大值	均值	标准差	偏度	峰度
运输装备和运输人员充足程度（LTD2）	337	1	5	2.78	0.979	0.076	-0.42
交通网络管理能力（LTD3）	337	1	5	2.92	0.929	-0.115	-0.358
物资及时到位情况（LTD4）	337	1	5	3.06	0.991	-0.058	-0.372
当地政府管治能力（OMC1）	337	1	5	2.87	0.926	-0.099	-0.316
监督管理制度的有效性（OMC2）	337	1	5	3.16	0.964	-0.131	-0.467
应急组织结构的合理程度（OMC3）	337	1	5	3.01	0.94	0.047	-0.435
组织协调合作能力（OMC4）	337	1	5	3.01	0.934	-0.084	-0.374
员工专业素养水平与服务能力（HAS1）	337	1	5	3.05	0.956	-0.045	-0.481
人文关怀措施（HAS2）	337	1	5	2.79	1.057	0.15	-0.452
现场及后期应急处置能力（HAS3）	337	1	5	3.1	0.961	0.181	-0.568
协同质量保障（ESSCQ1）	337	1	5	2.93	0.984	0.206	-0.504
供应质量保障（ESSCQ2）	337	1	5	2.96	0.93	0.044	-0.391
仓储质量保障（ESSCQ3）	337	1	5	3.19	0.944	-0.103	-0.393
运输质量保障（ESSCQ4）	337	1	5	3.07	0.789	0.197	-0.286
需求质量保障（ESSCQ5）	337	1	5	2.95	0.838	0.095	-0.247

表6-6的数据显示，各观测变量的最大值均超过4，最小值均低于2，均值介于2.72~3.26。标准差反映数据的离散程度，表中标准差介于0.789~1.126，标准差相对较小，说明该数据相对集中。根据克莱恩（Kline，1986）的标准，认为样本服从正态分布需要满足偏度的绝对值小于3且峰度的绝对值小于10，通

过表 6 – 6 可知样本的偏度绝对值小于 3，峰度绝对值小于 10，说明样本数值服从正态分布。

6.3.2.3 信度和效度分析

（1）信度分析。

信度分析旨在确保数据的可靠性，通常采用克隆巴赫 α 系数进行评估。一般来说，当 α 系数大于 0.7 时，信度较好；介于 0.35 ~ 0.7 表示信度一般；小于 0.35 表示信度较差，量表需要重新设计。根据调查问卷结果，通过 SPSS Statistics 26 软件进行信度检验，得到总 α 系数为 0.886，且 7 个潜变量的系数都大于 0.7，说明本次问卷的数据信度较高，样本数据有效可靠，如表 6 – 7 所示。

表 6 – 7　　　突发公共卫生事件下应急智慧供应链质量
各指标变量的信度分析（$n = 337$）

潜变量	项数	克隆巴赫 Alpha	基于标准化项的克隆巴赫 Alpha
信息技术支撑能力（ITS）	6	0.903	0.904
应急准备响应能力（EPR）	5	0.890	0.890
物资筹措征集能力（MCS）	7	0.919	0.919
物流运输配送能力（LTD）	4	0.837	0.838
组织管理指挥能力（OMC）	4	0.909	0.909
人道救助服务能力（HAS）	3	0.778	0.778
应急智慧供应链质量（ESSCQ）	5	0.861	0.863
总体 Alpha 系数	34	0.886	0.886

（2）效度分析。

效度分析用于评估量表的测量结果与理论上所研究的概念或属性之间的一致性，主要包括内容效度和结构效度。由于本节的量表是在访谈问卷和借鉴前人理论研究的基础上制定的，因此具有较好的内容效度。本节主要采用因子分析法中的因子载荷、累计贡献率等指标来验证量表的结构效度。

利用 SPSS Statistics 26 软件对量表进行凯瑟－梅耶－奥尔金（kaiser-meyer-olkin，KMO）测度值和 Bartlett 球形检验。应急智慧供应链质量量表的 KMO 值为 0.865，超过了 0.6 的标准阈值；显著性水平为 0.000，小于 0.05。根据检验标准可知，该问卷数据存在相关性，适合做因子分析。检验结果如表 6-8 所示。

表 6-8　　　　　　　　KMO 和 Bartlett 球形检验结果

测量变量	KMO	Bartlett 球形度检验		
		近似卡方	自由度	显著性
信息技术支撑能力	0.915	1118.992	15	0.000
应急准备响应能力	0.887	872.249	10	0.000
物资筹措征集能力	0.937	1433.389	21	0.000
物流运输配送能力	0.816	503.599	6	0.000
组织管理指挥能力	0.837	915.203	6	0.000
人道救助服务能力	0.698	276.963	3	0.000
应急智慧供应链质量	0.865	708.434	10	0.000

基于上述内容，采用探索性因子分析（exploratory factor analysis，EFA）对效度进行检验，如表 6-9 所示。结果显示，各因

子载荷值均高于 0.7，表明测度项与因子的关联性较高，符合指标体系的要求。此外，各因子的累计方差解释率都在 64% 以上，表明所选因子能够很好地解释原始变量的方差。由以上分析可知，所有变量均通过了信效度检验，未出现测度项混淆或因子载荷低等情况，为后续 SEM 分析奠定了基础。

表 6-9   探索性因子分析结果

因子	题项	成分	特征值	累积方差解释率
信息技术支撑能力	信息平台专业性	0.813	4.053	67.552%
	数据采集能力	0.817		
	数据分析能力	0.811		
	信息及时性	0.816		
	信息有效性	0.831		
	信息保密性	0.843		
应急准备响应能力	应急预案完善性	0.844	3.470	69.406%
	应急预案可行性	0.827		
	监测预警能力	0.838		
	应急反应速度	0.821		
	应急培训演练	0.835		
物资筹措征集能力	物资需求统计能力	0.811	4.716	67.368%
	物资供应渠道多样性	0.834		
	物资来源追溯能力	0.805		
	物资功能质量与安全的优良程度	0.823		
	应急仓储容量	0.844		
	物资储备保管能力	0.797		
	仓库吞吐效率	0.830		

续表

因子	题项	成分	特征值	累积方差解释率
物流运输配送能力	物资数量损失率和质量损耗率	0.804	2.691	67.263%
	运输装备和运输人员充足程度	0.819		
	交通网络管理能力	0.843		
	物资及时到位情况	0.814		
组织管理指挥能力	当地政府管治能力	0.876	3.145	78.618%
	监督管理制度的有效性	0.876		
	应急组织结构的合理程度	0.862		
	组织协调合作能力	0.932		
人道救助服务能力	员工专业素养水平与服务能力	0.811	2.079	69.306%
	人文关怀措施	0.851		
	现场及后期应急处置能力	0.835		
应急智慧供应链质量	协同质量保障	0.808	3.230	64.604%
	供应质量保障	0.814		
	仓储质量保障	0.789		
	运输质量保障	0.804		
	需求质量保障	0.803		

6.3.2.4　结构方程模型分析与假设检验

结构方程模型分析与传统回归分析不同，它通过协方差矩阵来探究各个变量之间的关系。该方法能够同时处理多个因变量，并用于比较和评估不同的理论模型。通过结构方程模型的多组分析，可以判定不同组别中各个变量关系的一致性，以及各因子均值之间是否存在显著差异。该方法为研究者提供了更深入的视角，有助于全面理解不同因素之间的复杂关系。为测量影响因素与应急智慧供应链质量之间的关系，本节构建了七个潜在变量：
应急智慧供应链信息技术支撑能力、应急准备响应能力、物资筹
措征集能力、物流运输配送能力、组织管理指挥能力、人道救助
服务能力及应急智慧供应链质量。采用 AMOS 26 进行验证性因
子分析和结构方程模型分析，以探讨影响因素对应急智慧供应链
质量的影响，从而验证假设的正确性。

（1）信效度检验。

本节利用 Amos 26 获得因子载荷系数，并通过计算组合信度
（combinatorial reliability，CR）和平均抽取变异量（average extrac-
tion variance，AEV）两个指标检验量表信度。通常情况下，当
CR 大于 0.7 且 AEV 大于 0.5 时，认为测量变量题项间的一致性
是可接受的。从表 6 – 10 可以看出，各变量的 CR 值均大于 0.7，
AEV 值均大于 0.5，表明本研究采用的量表具有较高的信度。

表 6 – 10　　　　　　　　　组合信度和收敛效度检验

| 变量 | 题项 | 显著性估计 | | | | 题目信度 | | 组合信度 | 收敛效度 |
		Unstd.	S. E.	z-value	P	Std.	SMC	CR	AEV
信息技术支撑能力	ITS1	1.162	0.075	15.445	***	0.769	0.591	0.904	0.611
	ITS2	1.068	0.068	15.609	***	0.775	0.601		
	ITS3	1.067	0.069	15.422	***	0.768	0.590		
	ITS4	1.060	0.068	15.511	***	0.771	0.594		
	ITS5	1.106	0.068	16.148	***	0.795	0.632		
	ITS6	1.000				0.811	0.658		

续表

变量	题项	显著性估计				题目信度		组合信度	收敛效度
		Unstd.	S. E.	z-value	P	Std.	SMC	CR	AEV
应急准备响应能力	EPR1	1.065	0.069	15.503	***	0.804	0.646	0.890	0.617
	EPR2	1.028	0.069	14.946	***	0.779	0.607		
	EPR3	0.986	0.065	15.241	***	0.792	0.627		
	EPR4	1.007	0.069	14.613	***	0.764	0.584		
	EPR5	1.000				0.789	0.623		
物资筹措征集能力	MCS1	0.942	0.061	15.363	***	0.775	0.601	0.919	0.620
	MCS2	1.031	0.064	16.112	***	0.804	0.646		
	MCS3	0.958	0.063	15.132	***	0.765	0.585		
	MCS4	1.020	0.064	15.978	***	0.799	0.638		
	MCS5	1.072	0.065	16.499	***	0.819	0.671		
	MCS6	0.918	0.062	14.921	***	0.757	0.573		
	MCS7	1.000				0.789	0.623		
物流运输配送能力	LTD1	0.897	0.074	12.051	***	0.722	0.521	0.838	0.564
	LTD2	0.995	0.080	12.371	***	0.744	0.554		
	LTD3	1.013	0.078	13.060	***	0.798	0.637		
	LTD4	1.000				0.739	0.546		
组织管理指挥能力	OMC1	0.865	0.042	20.779	***	0.817	0.667	0.910	0.718
	OMC2	0.907	0.043	21.128	***	0.824	0.679		
	OMC3	0.864	0.043	20.152	***	0.804	0.646		
	OMC4	1.000				0.937	0.878		
人道救助服务能力	HAS1	0.923	0.090	10.298	***	0.683	0.466	0.780	0.542
	HAS2	1.176	0.111	10.556	***	0.787	0.619		
	HAS3	1.000				0.735	0.540		

续表

变量	题项	显著性估计				题目信度		组合信度	收敛效度
		Unstd.	S. E.	z-value	P	Std.	SMC	CR	AEV
应急智慧供应链质量	ESSCQ1	1.000				0.727	0.529	0.845	0.522
	ESSCQ2	0.964	0.078	12.369	***	0.742	0.551		
	ESSCQ3	0.929	0.079	11.753	***	0.702	0.493		
	ESSCQ4	0.797	0.066	12.063	***	0.722	0.521		
	ESSCQ5	0.842	0.070	11.992	***	0.718	0.516		

注：*** 表示 P 值小于 0.001。

区分效度用于衡量潜在变量之间的低相关性和显著差异性，通常通过比较 AEV 平方根与变量间相关系数的大小来评估。当某一变量与其他变量的相关系数小于该变量的 AEV 平方根时，该变量的区分效度符合要求。根据表 6 - 11，对角线加粗的数值为各变量的 AEV 平方根，其值均大于所在列的相关系数，说明量表具有良好的区分效度。

表 6 - 11　　　　　　　　区分效度检验

变量	收敛效度	区分效度						
	AEV	ESSCQ	HAS	OMC	LTD	MCS	EPR	ITS
ESSCQ	0.522	**0.722**						
HAS	0.542	0.324	**0.736**					
OMC	0.718	0.332	0.016	**0.847**				
LTD	0.564	0.404	0.078	0.455	**0.751**			
MCS	0.620	0.295	0.102	0.109	0.108	**0.787**		
EPR	0.617	0.252	0.078	0.015	0.088	0.046	**0.786**	
ITS	0.611	0.410	0.432	0.175	0.083	0.464	0.055	**0.782**

注：对角线加粗数值为 AEV 的平方根，下方数值为变量 Pearson 相关系数。

（2）结构方程模型拟合度检验。

在考察理论结构模型对数据的拟合程度时，模型拟合指数是较好的统计指标。如果理论结构模型与收集到的数据之间是合理的，那么样本方差的协方差矩阵与理论方差的协方差矩阵之间的差别就不大，能够说明模型很好地拟合了数据。拟合效果检验的常用指标包括简约拟合指标、相对拟合指标及绝对拟合指标。为准确地反映拟合效果，本节采用上述三类整体拟合度指标共 8 个统计检验量，具体统计检验量和参考标准如表 6 - 12 所示。

表 6 - 12　　　　　　　　结构方程模型拟合度检验结果

指标	模型指标值	建议参考标准	检验结果
CMID	726. 231	越小越好	可接受
DF	521	越小越好	可接受
CMID/DF	1. 394	<3 优秀；<5 可接受	拟合优秀
GFI	0. 893	>0. 8 可接受；>0. 9 拟合良好	可接受
AGFI	0. 878	>0. 8 可接受；>0. 9 拟合良好	可接受
CFI	0. 967	>0. 9 拟合良好	拟合良好
TLI（NNFI）	0. 964	>0. 9 拟合良好	拟合良好
RMSEA	0. 034	<0. 08 优秀；<0. 1 可接受	拟合优秀

通过 View text - Output - Model Fit 步骤操作，得到模型拟合度检验结果，如表 6 - 12 所示，可以看出 CMID/DF = 1. 394 < 5，符合适配度标准。因此模型拟合结果较为理想，可进行后续的路径分析。

（3）结构方程模型路径分析。

本节通过 AMOS 26 软件对结构方程模型进行参数估计，通过处理原始数据得到样本数据协方差矩阵，得出数据非标准化与标准化的参数估计结果。具体的结构方程模型运行结果如图 6 – 3 所示。

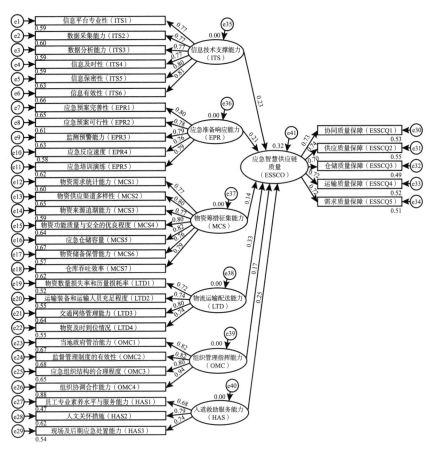

图 6 – 3 结构方程模型路径分析

图6-3展示了观测变量与潜在变量之间，以及外生潜变量与内生潜变量之间的路径系数。通过分析标准化路径系数，可以清晰地了解变量间的影响关系及其作用强度，从而明确信息技术支撑能力、应急准备响应能力、物资筹措征集能力、物流运输配送能力、组织管理指挥能力和人道救助服务能力对应急智慧供应链质量的影响程度。图6-3中的数据显示，观测变量对潜变量的标准因子载荷均在0.5以上，且外生潜变量对内生潜变量的路径系数的p值均小于0.05，可认定观测变量对潜在因子的测量是有效的，外生潜变量对内生潜变量的直接影响是显著的，支持本节所提出的关系假设。

（4）假设验证情况。

根据结构方程模型路径系数及其参数显著性结果，验证和判断上文的理论假设是否成立。

由表6-13可知，信息技术支撑能力、应急准备响应能力、物资筹措征集能力、物流运输配送能力、组织管理指挥能力和人道救助服务能力都对应急智慧供应链质量具有显著正向影响作用，从而六个研究假设均得到验证。

表6-13　　　　　　　　假设验证结果

假设	Unstd.	S. E.	z-value	P	Std. (β)
H1：信息技术支撑能力对应急智慧供应链质量具有正向影响	0.215	0.052	4.114	***	0.233
H2：应急准备响应能力对应急智慧供应链质量具有正向影响	0.191	0.052	3.713	***	0.211

假设	Unstd.	S. E.	z-value	P	Std.（β）
H3：物资筹措征集能力对应急智慧供应链质量具有正向影响	0.117	0.045	2.613	0.009	0.144
H4：物流运输配送能力对应急智慧供应链质量具有正向影响	0.307	0.058	5.305	***	0.327
H5：组织管理指挥能力对应急智慧供应链质量具有正向影响	0.137	0.043	3.183	0.001	0.174
H6：人道救助服务能力对应急智慧供应链质量具有正向影响	0.241	0.06	4.01	***	0.248

注：*** 表示 P 值小于 0.001。

（5）结构方程模型结果讨论。

①信息技术支撑能力与应急智慧供应链质量保障的关系。信息技术支撑能力对应急智慧供应链质量保障的作用路径系数为 0.233，即信息技术支撑能力每增加一个标准差，应急智慧供应链质量保障将直接增加 0.233 个标准差。信息平台专业性、数据采集与分析能力、信息及时性、信息保密性和信息有效性的路径系数分别为 0.77、0.77、0.77、0.80 和 0.81，均对信息技术支撑能力产生影响。其中，信息有效性是最重要的解释因子，另外是信息保密性。信息有效性确保供应链能实时获取并准确解读风险区和节点中的变化，为数据分析提供高质量的数据源，实现对供应链运作的全面把控。信息保密性有助于降低数据泄露的风险，通过采用信息平台安全加密技术、权限管理等手段，防范关键信息被非授权节点获取的风险，维护应急智慧供应链的数据完整性和稳健性。同时，加强信息保密性有助于维护合作节点之间

的信任关系。因此，加强信息有效性和保密性对提升信息技术支撑能力和应急智慧供应链质量具有重要意义。

②应急准备响应能力与应急智慧供应链质量保障的关系。应急准备响应能力对应急智慧供应链质量保障的作用路径系数为0.211，即应急准备响应能力每增加一个标准差，应急智慧供应链质量保障将增加0.211个标准差。应急预案完善性、可行性、监测预警能力、应急反应速度和应急培训演练的路径系数分别为0.80、0.78、0.79、0.76和0.79，均对应急准备响应能力产生影响。通过对比发现，应急准备响应能力的5个观测变量的标准化路径系数均在0.79左右，差异不大，能够满足各因素对公因子的解释能力。其中，最大的解释因子是应急预案完善性，其能够明确各部门和团队在应急情境下的责任分工和协同配合机制，确保信息、资源迅速传递和调度，提高响应效率。应急预案完善性反映了组织对于潜在风险的深刻理解，使得应急主体能够在事前预测并及时应对突发状况，提高了应急响应的针对性和前瞻性。完善的预案通常伴随着定期的培训演练。实际模拟紧急情况，有助于提高团队对应急预案的熟悉程度和实战能力。因此，提高应急预案完善性对于提升应急准备响应能力，保障应急智慧供应链质量有重要影响。

③物资筹措征集能力与应急智慧供应链质量保障的关系。物资筹措征集能力对应急智慧供应链质量保障的路径系数为0.144，即物资筹措征集能力每增加一个标准差，应急智慧供应链质量保障将增加0.144个标准差。物资需求统计能力、物资供应渠道多样性、物资来源追溯能力、物资功能质量与安全的优良程度、应

急仓储容量、物资储备保管能力和仓库吞吐效率的路径系数分别为 0.77、0.80、0.77、0.80、0.82、0.76 和 0.79，均对物资筹措征集能力具有显著影响。特别是应急仓储容量的影响较为显著，说明提高仓储能力和优化仓库操作效率，可以更好地支持物资的筹措和征集工作。此外，物资供应渠道多样性和物资功能质量与安全的优良程度因子载荷为 0.80，影响较大。物资供应渠道多样性包括直接购买、捐赠、生产等多种方式，能够降低对单一渠道的依赖，减缓供应链中断的风险，提高物资筹措征集的稳健性。物资功能质量与安全的优良程度关系到所筹措的物资在应急情况下的实际效用。因此，提高应急仓储容量，确保充足的物资库存；引入多样化的物资供应渠道，增加物资获取的途径；确保物资的安全和高质量，提高物资的实际使用价值对于提升物资筹措征集能力，保障应急智慧供应链质量有重要影响。

④物流运输配送能力与应急智慧供应链质量保障的关系。物流运输配送能力对应急智慧供应链质量保障的直接影响程度最大，作用路径系数为 0.327。物流运输配送能力每增加一个标准差，应急智慧供应链质量保障将增加 0.327 个标准差。这表明智慧物流的良好运作对整个应急智慧供应链至关重要，凸显了物流运输配送能力在整个应急智慧供应链系统中的关键地位。物流运输配送能力的四个观测变量物资数量损失率和质量损耗率、运输装备和运输人员充足程度、交通网络管理能力和物资及时到位情况的标准化路径系数分别为 0.72、0.74、0.80 和 0.84。这四个观测变量对潜变量的解释能力都超过了 0.7，解释效果较好，其中交通网络管理能力和物资及时到位情况最高。及时提供物资支

援不仅关乎生存需求，还直接关系到受灾群众的心理状态和应对能力。当群众看到及时送达的物资，会感受到社会的关心，建立起对救援力量的信任。这种信任感有助于缓解风险区居民的紧张情绪，提高应对危机的信心。交通网络管理能力直接决定了物流运输配送的顺畅度和效率。一个良好的交通网络管理系统能够合理规划路线、优化运输资源，降低运输成本，减少拥堵和延误的发生概率。同时确保足够的运输装备和人员配备，能够最大程度地减少物资损失率。因此，提升物流运输配送能力对于保障应急智慧供应链质量有重要影响。

⑤组织管理指挥能力与应急智慧供应链质量保障的关系。组织管理指挥能力对应急智慧供应链质量保障的作用路径系数为0.174，即组织管理指挥能力每增加一个标准差，应急智慧供应链质量保障将增加0.174个标准差。当地政府管治能力、监督管理制度的有效性、应急组织结构的合理程度和组织协调合作能力的路径系数分别为0.82、0.82、0.80和0.94，解释力度都在0.8及以上，说明四个因素所带来的影响均不能忽视。首先，组织协调合作能力是组织内外各方协同作战的关键。协调紧密的团队更容易实现信息共享、资源协同，形成强大的联合应对力量。其次，当地政府的管治能力是整个应急管理体系的基础。政府在事前应强化对灾害风险的认知，建立健全的制度体系，确保各个层级协同配合。再次，有效的监督管理制度则可以规范各个环节的行为，保障应急资源的合理分配和利用。最后，应急组织结构的合理程度关系指挥决策的效率。一个清晰而灵活的组织结构可以使信息传递流畅、指挥决策层级明确，从而迅速果断地应对紧

急情况。因此，提升组织管理指挥能力对于保障应急智慧供应链质量具有重要影响。

⑥人道救助服务能力与应急智慧供应链质量保障的关系。人道救助服务能力对应急智慧供应链质量保障的作用路径系数为 0.248，即人道救助服务能力每增加一个标准差，应急智慧供应链质量保障将增加 0.248 个标准差。员工专业素养水平与服务能力、人文关怀措施、现场及后期应急处置能力的路径系数分别为 0.68、0.79、0.74，均对人道救助服务能力产生有力影响。其中，最大的解释因子是人文关怀措施。说明在应急救助过程中，除物质援助外，更应关注受灾者的心理和文化需求，通过人文关怀建立人道主义援助的温暖桥梁，使整个救助过程更具人性化。现场及后期应急处置涉及灾后重建和长期援助，员工需要具备规划、执行、评估等方面的能力，以确保人道救助服务的可持续性。因此，构建人性化、持续性的服务体系对人道救助服务能力的提升及应急智慧供应链质量保障具有重要意义。

6.4 应急智慧供应链质量关键影响因素识别

上一节梳理了影响应急智慧供应链质量的因素，并对六大因素的正向影响作用进行了实证检验。本节将基于贝叶斯网络模型展开诊断推理、敏感性分析以及最大致因链分析。通过因子条件概率图可视化各影响因素对目标变量的作用强度，旨在识别影响应急智慧供应链质量的重要因素、薄弱环节及关键因素。

6.4.1　贝叶斯网络

贝叶斯网络（Bayesian network，BN）是一种概率图模型，通过图像表示变量之间的依赖关系。其结构由节点（变量）和有向边（表示变量依赖关系的方向性）组成，形成一个有向无环图。贝叶斯网络因其灵活的模型表达能力和强大的推理功能，在质量管理、灾害预测、风险决策和疾病诊断等研究领域被广泛采用。图6-4展示了贝叶斯网络的结构示意图，即有向无环图。

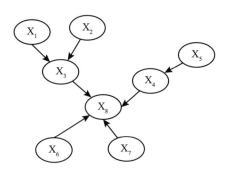

图6-4　贝叶斯网络结构示意图

贝叶斯网络通过条件概率进行变量间关系的推理和预测，计算条件概率是网络推理的关键。因此，本节对相关概念进行解释。

（1）先验概率：先验概率指在考虑任何新观测或证据之前，基于先前的知识、经验或专家判断而得到的概率分布（王必好和张郁，2019）。这是一种对事件的初始信念或估计，没有考虑任何新的观测数据时的概率分布。

（2）后验概率：后验概率是在考虑了新的观测数据或证据之后，通过贝叶斯定理修正先验概率而得到的概率分布。在贝叶斯网络中，后验概率是先经过观测更新数据后的概率。

（3）联合概率：贝叶斯网络中可以将节点集表示为 $V = \{V_1, V_2, \cdots, V_n\}$，有向边集表示为 $A = \{A_1, A_2, \cdots, A_n\}$，用 $G = (V, A)$ 表示贝叶斯网络结构，$P = \{P_1, P_2, \cdots, P_n\}$ 为每个节点 V_i 在其父节点集 $pa(V_i)$ 条件下的条件概率表及贝叶斯网络参数，从而贝叶斯网络 BN 可以表示为三元组 $BN = (V, A, P)$，节点变量集 V 的联合概率分布计算公式如下（严玲，2023）：

$$P(V) = P(V_1, V_2, \cdots, V_n) = \prod_{i=1}^{n} P(V_i \mid pa(V_i))$$

$$(6-1)$$

6.4.2 研究方法与模型构建

6.4.2.1 贝叶斯网络分析法

（1）贝叶斯网络模型分析步骤。

构建贝叶斯网络模型分为四个阶段：样本数据获取、模型结构学习、贝叶斯建模分析以及模型验证。具体建模步骤如图 6-5 所示。

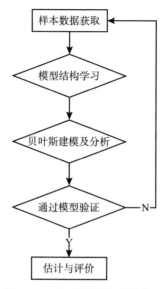

图 6 - 5　贝叶斯网络建模步骤

（2）贝叶斯网络参数学习。

贝叶斯网络参数学习是指通过观察到的数据来估计网络中各个节点的条件概率分布的过程。该过程旨在根据已有数据调整网络参数，以使网络能够更好地拟合观测到的真实数据。常见的参数学习方法包括最大似然估计、贝叶斯推断、EM 算法等。鉴于所构建的贝叶斯网络模型中存在潜在变量，在选择参数学习方法时，本节采用 EM 算法来自动计算条件概率表的值。EM 算法主要用于解决数据缺失问题，能够很好地满足研究需求（贺玉龙等，2021）。

（3）贝叶斯网络推理。

贝叶斯网络推理是指根据已知的证据（观测数据或已知变量值），利用贝叶斯定理从贝叶斯网络中推断出其他未知变量的状态或概率分布的过程。结合先验知识与观测数据，贝叶斯网络推理能够更新对未知变量的置信度，并提供对系统状态的概率分布估计（程玉玲，2022）。主要包括三种推理方式，如图6-6所示。

图6-6　贝叶斯网络推理方式

①因果推理：指根据已知的原因或条件变量，推断出结果或目标变量的状态或概率分布的过程，是自上而下的推理，关注确定原因对结果的影响。

②诊断推理：指根据已知的结果或目标变量，推断出可能的原因或条件变量的状态或概率分布的过程，是自下而上的推理，关注确定结果的可能原因。

③支持推理：指在已知一些条件变量的情况下，进一步推断其他变量的状态或概率分布的过程，关注的是原因之间的相互影响。

6.4.2.2　模型构建

本节利用GeNIe 4.0软件构建应急智慧供应链质量影响因素的贝叶斯网络模型。第6.3节的分析结果显示，所构建的结构方程模型合理可靠，表明潜变量可以通过观测变量进行有效测量，且效果良好。基于观测变量与潜变量之间以及潜变量之间的真实关系，确定出相应的贝叶斯网络模型拓扑结构。在贝叶斯网络模型中，父节点、子节点以及节点间的有向边可以通过 SEM 模型中的结构模型确定（鲍学英等，2022）。最终确定的贝叶斯网络模型拓扑结构如图 6 - 7 所示。

6.4.3　贝叶斯网络模型分析

6.4.3.1　贝叶斯网络参数学习

基于 6.3 节收集的 337 份调查问卷节点数据，对各个节点层内部的状态进行区分。调查问卷中 Likert 量表包含五个等级，分别对应节点层中的"非常不重要""比较不重要""一般""比较重要"及"非常重要"五种状态。按得分高低，将父节点层的各节点（观测变量）分为"重要"和"不重要"两种状态；将因素层对应节点层的分值进行相加，按分值的高低将因素层（外生潜变量）划分为"强""中""弱"三种状态；同理，内生潜变量作为目标变量也划分为三个区间，分别对应应急智慧供应链质量的"高""中""低"三种预测结果。

在参数学习阶段，通过结构学习得到优化的贝叶斯网络结构后，结合样本信息与初始参数值对贝叶斯网络中节点的参数进行优化。设置贝叶斯网络模型的初始参数后，导入处理后的问卷调查数据进行参数学习，计算出网络结构中各节点变量的参数值，最终优化网络模型参数。结果如图 6 - 8 所示。

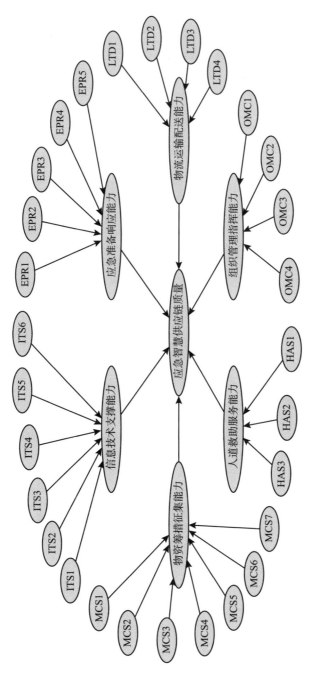

图6-7　影响应急智慧供应链质量的贝叶斯网络拓扑结构图

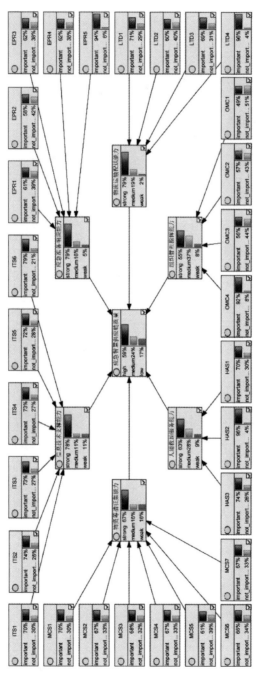

图6-8 突发公共卫生事件下应急智慧供应链质量影响因素参数学习结果

从参数学习分析结果可以看出，应急智慧供应链质量为高的概率为59%，质量为中等的概率为24%，质量为低的概率为17%。在影响应急智慧供应链质量的六大因素中，物流运输配送能力与应急准备响应能力的强度概率最大，达到79%，分别受物资及时到位情况（LTD4）与应急培训演练（EPR5）重要性的影响。此外，信息技术支撑能力强的概率为78%，物资筹措征集能力强的概率为67%，人道救助服务能力强的概率为63%，组织管理指挥能力强的概率为55%。在突发公共卫生事件中，物流运输配送能力与应急准备响应能力对提升应急智慧供应链质量起到了积极的影响作用。物流运输配送能力是确保医疗物资、生活必需品等应急物资能够及时送达的关键，物资及时到位情况反映了应急智慧供应链物流运输配送的可控性。应急准备响应能力意味着政府和相关机构能够快速决策并展开协同行动，这要求应急主体具备健全的组织体系和长期的应急培训演练。同时，应急响应需要依靠医疗专业人士和相关领域专家的协作，与单纯的组织管理能力相比，应对突发事件的专业知识和跨部门合作能力显得更加重要，因此组织管理指挥能力的概率相对较低。

6.4.3.2 贝叶斯网络诊断推理

根据贝叶斯网络的逆向推理算法，利用 GeNIe 4.0 软件进行后验概率推理，将应急智慧供应链质量节点的概率 high 状态设置成100%，从而推算出目标节点处于高质量时对其他节点强度概率强度的贡献，并诊断系统中潜在的因果关系和影响因素。推理结果如图 6 - 9 所示。由图可知，当应急智慧供应链的质量高设定

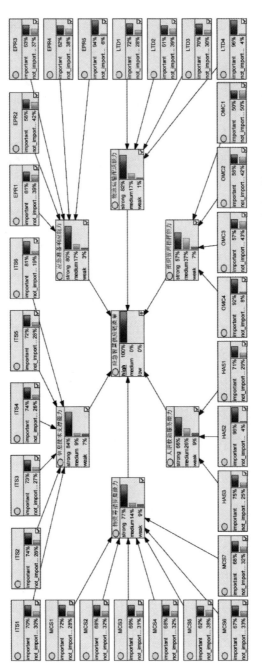

图6-9 突发公共卫生事件下应急智慧供应链质量影响因素诊断推理

为100％时，信息技术支撑能力的概率最高，达到84％；另外为物流运输配送能力强的概率，为82％；应急准备响应能力强的概率为80％，物资筹措征集能力强的概率为77％，人道救助服务能力强的概率为66％，组织管理指挥能力强的概率最低，为57％。由此可知，当应急智慧供应链质量高的概率设定为非常高时，信息技术支撑能力和物流运输配送能力是影响应急智慧供应链质量最为重要的两项因素。这也说明，如果应急智慧供应链质量很高，很大概率是由于其信息技术支撑能力和物流运输配送能力强大。换言之，加强信息技术支撑能力和物流运输配送能力将显著提高和保障应急智慧供应链的整体质量。

6.4.3.3 贝叶斯网络敏感性分析

通过敏感性分析，可以在贝叶斯网络模型下探究单个影响因素变化对整个应急智慧供应链质量的波动效应，从而为应急管理主体提供指导，帮助其采取有效措施提升供应链质量水平。在分析中，将应急智慧供应链质量作为目标节点，红色深浅程度表示各节点变量的敏感性，红色越深代表该节点对目标节点的影响越大。基于此方法，能够有效识别供应链中的薄弱环节与关键要素，为质量保障提供参考指标，进而增强供应链的韧性。

敏感性分析的结果如图6-10所示。从图中可以看出ITS6、LTD4、HAS1是应急智慧供应链质量影响最为敏感的因子。此外，EPR5、MCS1、HAS3、HAS2以及LTD3也是影响供应链质量

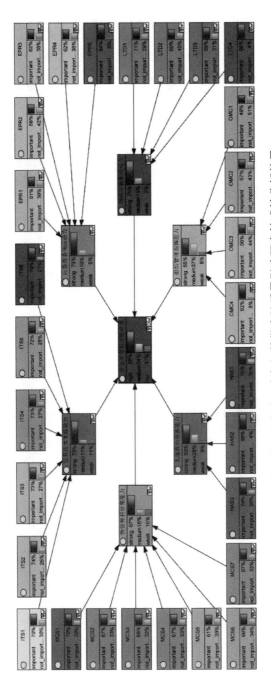

图6-10 突发公共卫生事件下应急智慧供应链质量影响因素敏感性分析结果

的敏感因子。这些节点的细微变化可能对应急智慧供应链质量产生显著影响，因此需要特别关注并采取有针对性的保障措施，以保证应急智慧供应链整体质量效能。

在六大影响因素中，物资筹措征集能力（Avg = 0.001）、信息技术支撑能力（Avg = 0.002）和组织管理指挥能力（Avg = 0.002）的敏感度较低，这表明应急智慧供应链在物资储备、信息共享和组织协同方面能够满足应对突发公共卫生事件的应急管理需求。在物资储备方面，通过合理的库存管理，确保口罩、防护服、医疗器械等关键应急物资的储备充足，能够快速调配到各个受灾地区。同时，利用物联网和大数据分析等技术，监控物资库存情况和需求变化，及时调整物资储备计划。在信息共享方面，应急智慧供应链依托信息共享平台和数据集成系统，实现各环节间的信息实时共享和交流。各节点的实时数据能够被及时捕捉、整合和分析，从而使各节点能够及时了解突发风险的发展态势和物资供应情况，为科学决策提供依据。在组织协同方面，通过智能化协同工具和平台实现应急主体高效协同配合和资源共享，从而提高救援和应对效率。

GeNIe 软件的敏感性分析结果还通过龙卷风图展示了各节点对目标节点的敏感性排序。图 6 - 11 展示了某些节点状态在不同范围内的变化，条形长度反映了这些节点状态对目标节点的影响程度。本节选取敏感性排名前十的节点进行分析，排在首位的是目标节点本身，故无须进一步分析。根据条形图的呈现结果，在 E（组织管理指挥能力）= medium、A6（信息有效性 ITS6）= important、F（人道救助服务能力）= medium、D4（物资及时到位情况 LTD4）= important、F1（员工专业素养水平与服务能力 HAS1）= important、B5（应急培训演练 EPR5）= important、C1（物资需求统计能力 MCS1）= important、F3（现场及后期应急处置能力 HAS3）= important 以及 D（物流运输配送能力）= strong 的情况下，敏感性较高，对目标节点的影响程度较大。

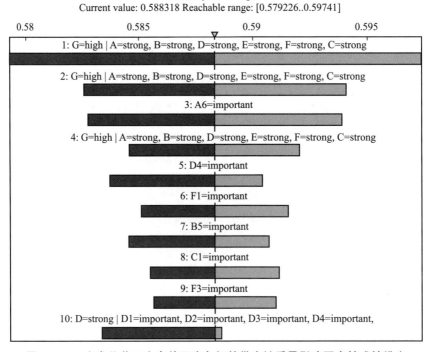

图 6-11　突发公共卫生事件下应急智慧供应链质量影响因素敏感性排序

6.4.3.4　贝叶斯网络最大致因链分析

贝叶斯网络模型最大致因链分析是一种识别影响特定目标节点关键因素的方法。通过揭示条件概率之间的依赖关系，确定对目标节点状态变化影响最为显著的节点，这些节点被称为最大致因。最大致因链分析展现了影响目标节点的因素之间的路径，能够帮助决策者更好地了解供应链系统的复杂性，提高决策精度。

在最大致因链分析中，箭头的粗细通常表示节点之间的关联强度或影响程度，粗箭头表示强关联或显著影响，细箭头则表示关联或影响较弱。根据图 6 - 12 的结果，识别出以下 12 条影响强度较大的致因链："应急组织结构的合理程度（OMC3）→组织管理指挥能力→应急智慧供应链质量""组织协调合作能力（OMC4）→组织管理指挥能力→应急智慧供应链质量""员工专业素养水平与服务能力（HAS1）→人道救助服务能力→应急智慧供应链质量""交通网络管理能力（LTD3）→物流运输配送能力→应急智慧供应链质量""应急培训演练（EPR5）→应急准备响应能力→应急智慧供应链质量""物资数量损失率和质量损耗率（LTD1）→物流运输配送能力→应急智慧供应链质量""运输装备和运输人员充足程度（LTD2）→物流运输配送能力→应急智慧供应链质量""物资及时到位情况（LTD4）→物流运输配送能力→应急智慧供应链质量""当地政府管治能力（OMC1）→组织管理指挥能力→应急智慧供应链质量""监管管理制度的有效性（OMC2）→组织管理指挥能力→应急智慧供应链质量""人文关怀措施（HAS2）→人道救助服务能力→应急智慧供应链质量""现场及后期应急处置能力（HAS3）→人道救助服务能力→应急智慧供应链质量"。

由上述最大致因链分析可知，组织管理指挥能力、人道救助服务能力、物流运输配送能力以及应急准备响应能力对应急智慧

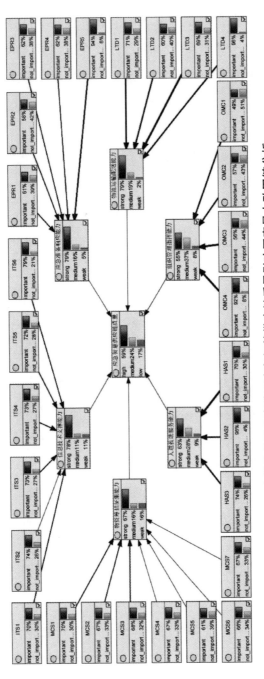

图6-12 突发公共卫生事件下应急智慧供应链质量影响因素最大致因链分析

供应链质量的影响强度较高。因此，在实际供应链运行中，应重点加强应急组织结构的合理性、组织协调与合作能力、员工专业素养和服务水平、交通网络管理能力，以及应急培训演练等方面的管理与控制。

综合诊断推理、敏感性分析和最大致因链分析的结果显示，三者在主要影响因素的识别上基本一致，均确定了六大关键影响因素。其中，物流运输配送能力、应急准备响应能力及人道救助服务能力是影响应急智慧供应链质量的关键因素。

6.5　本章小结

本章首先阐述了应急智慧供应链质量的内涵；其次，构建了应急智慧供应链质量影响因素理论模型；然后，对各影响因素进行了实证分析；最后，基于结构方程模型的实证研究，确定了突发公共卫生事件下应急智慧供应链质量影响因素的贝叶斯网络拓扑结构图；在设置模型初始参数后，利用调查问卷数据并采用EM 算法进行参数学习，自动推断网络结构中各节点变量的条件概率分布；最终得出突发公共卫生事件下应急智慧供应链质量影响因素的贝叶斯网络模型图，并对其进行诊断推理、敏感性分析和最大致因链分析，验证了贝叶斯模型中变量间因果关系的可靠性，检验了六大影响因素对应急智慧供应链质量的作用效果，明确了物流运输配送能力、应急准备响应能力及人道救助服务能力等关键影响因素。

第7章

应急智慧供应链质量保障机制

本章结合第 6 章中对信息技术支撑能力、应急准备响应能力、物资筹措征集能力、物流运输配送能力、组织管理指挥能力和人道救助服务能力等因素的分析，基于这些因素对应急智慧供应链质量的影响进行了实证研究。同时，利用贝叶斯网络识别关键影响因素，从而设计出适用于突发公共卫生事件的应急智慧供应链质量保障机制。

7.1 应急智慧供应链质量保障机制整体架构

作为复杂的动态网络系统，供应链在应急情境下表现更为复杂。为提升应急供应链的智慧化水平，本节基于区块链技术，并结合大数据、物联网和人工智能等技术，构建应急智慧供应链质量保障机制，旨在增强居民生活必需品等应急物资供应能力与链条各环节的协同能力，从而实现应急智慧供应链的高效运作。

　　本节提出的应急智慧供应链质量保障机制用于应对突发公共卫生事件,其整体架构包括技术支持和机制保障两部分,如图 7 - 1 所示。区块链技术支持部分由网络服务层、共识协议层和数据存储层构成,以确保信息的安全存储和真实性,提升用户高效检索信息的能力。机制保障部分由应急主体自组织保障和智能合约自执行保障组成,通过供应节点、仓储节点、运输节点和协同节点的物资保障措施,提升物资筹措和物流配送能力,并强化组织管理指挥能力。智能合约系统包括智能应急响应合约、智能市民服务合约和智能激励驱动合约,进一步增强应急准备响应与人道救助服务能力。通过应急主体自组织保障与智能合约自执行保障的协调与互补,应急智慧供应链质量保障机制能够灵活应对突发情况,优化供应链管理,实现质量保障目标,最终满足突发公共卫生事件下的民生需求。

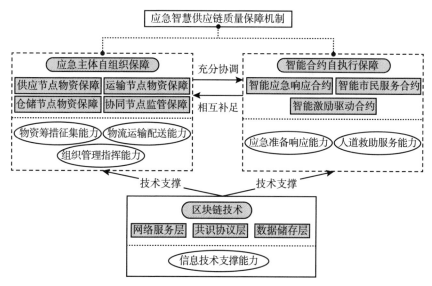

图 7 - 1　突发公共卫生事件下应急智慧供应链质量保障机制整体架构

在设计应急智慧供应链质量保障机制时，应充分发挥信息技术的支撑能力，以实现信息系统的集成和各节点间的信息共享。应急准备与响应能力可以在政府指导政策的框架下，有效控制突发公共卫生事件的整体风险。通过创新订购模式和多元化供应商选择，物资筹措与物流运输配送能力能够高效获取应急物资，并保证物资能够在紧急情况下迅速配送。组织管理指挥能力为整合内外部资源提供战略性支持。人道救助服务能力则是为受灾群众提供必要的紧急支援。因此，基于六大关键影响因素设计质量保障机制，将为应急智慧供应链在突发公共卫生事件中的未来发展提供参考，致力于保障协同质量、供应质量、仓储质量、运输质量和需求质量，从而全面提升应急智慧供应链的整体质量。具体内容如下。

（1）可视化。应急智慧供应链的可视化有助于管理者更直观地了解供应链内部运行状况，并据此制定合理决策。供应节点的可视化实现了质量数据的统一管理，保证物料编码、品类编码、供应商编码、合同编码和订单编码之间的对应关系；仓储节点的可视化能够实时监控仓库内物资出入库情况以实现物资自动调配；运输节点的可视化能够标注运输枢纽、前置仓等关键途经点，显示应急物资的位置动态和预计送达时间；信息技术的可视化则利用统计图表展示供应链从应急响应到物资送达全流程的数据分析结果，发现潜在的改进空间，提供优化建议。

（2）柔性化。应急智慧供应链柔性化是对风险区域需求变化的适应能力，避免供应链处于瘫痪状态。在供应节点，针对风险区居民的需求变化，以最优成本迅速筹集应急物资，成本越低，柔性越高；在运输节点，以最短时间和最佳路线配送应急物资，用时越短，柔性越高；在信息技术方面，由于应急智慧供应链在整个生命周期运作过程中具有动态性，供应链网络各个层面可能会发生重组或重构，信息化管理系统若能够迅速进行相应调整，柔性将更高。

（3）专业化。应急智慧供应链的专业化体现在供应链的质量管理和节点管理中。在质量管理方面，本研究设计了一套统一的质量认定标准体系，提高并把控全品类应急物资和供应企业的质量资质准入标准；通过区块链等信息化手段，实现产品质量问题的责任可追溯，确保质量信息及时更新与公正公开。在节点管理方面，通过机器程序明确各部门的具体职责，实现全流程的"谁来管、怎么管"的目标；利用智能合约设计节点工作评估模式，加强评估结果的客观性和实效性。

7.2 应急智慧供应链质量保障机制技术架构

区块链技术在应急智慧供应链中的应用架构包括网络服务层、共识协议层和数据储存层，如图 7-2 所示。网络服务层通过去中心化的架构为各节点提供安全可靠的环境，促进信息交换和协作。共识协议层确保数据的一致性和可靠性，使各节点能够达成共识。分布式数据储存层则保障数据的完整性和可追溯性。综合利用这些层级，区块链技术为应急智慧供应链质量保障机制下的应急响应、物资配送、管理协调等关键环节提供灵活高效的解决方案。

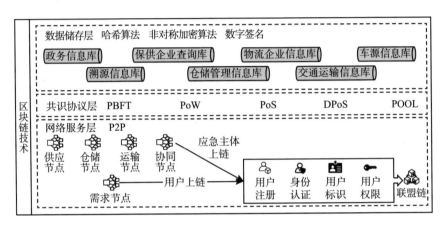

图 7 - 2　突发公共卫生事件下应急智慧供应链质量保障机制技术架构

7.2.1　网络服务层

应急智慧供应链质量保障机制涉及多个相关部门。在网络服务层，供应节点、仓储节点、运输节点、协同节点等应急主体，以及需求节点的相关用户通过注册加入 P2P 网络，形成联盟链，共同管理区块链，维护节点的稳定性（李健等，2020）。应急主体成员包括上游生产和加工企业、保障企业、物流企业、运输司机、政府部门、社区居委会、配送志愿者及各监管部门等，需求节点主要为风险区域内的物资需求单位或个人。各节点按照共识协议的规定，根据其不同的权限进行分布式存储和管理数据。需求节点有权发布信息，而主管机构或授权组织则负责审核。全节

194

点参与信息的验证、表决和备份，特别是在涉及机密信息时，读取备份需经过主管机构和数据所有者批准。在网络服务层，信息库内数据的存储、使用和管理权能被分离，不再依赖第三方数据管理机构，从而为供应方、需求方和监管方提供可信且平等的数据交互环境。

7.2.2　共识协议层

共识协议层通过固定的计算方法确保网络中的各节点能够达成一致的结论。为了保证系统的正常运作，共识协议必须同时满足一致性和有效性两个基本性质。首先，一致性要求所有诚实节点保存的区块链前缀部分完全相同。这意味着无论参与节点身处何处，都能够观察到相同的交易历史，从而确保整个网络的数据状态保持一致。其次，有效性要求任何由诚实节点发布的信息最终将被其他所有诚实节点记录在自己的区块链中，这确保了信息的真实性和可追溯性，防止单一节点的篡改或伪造。为实现这些性质，常用的共识算法包括实用拜占庭容错算法（practical byzantine fault tolerance，PBFT）、工作量证明（proof of work，PoW）、权益证明（proof of stake，PoS）、委托权益证明（delegated proof of stake，DpoS）、验证池（verification pool，V-Pool）等。不同的算法适用于不同场景和需求，选择合适的共识机制对于区块链系统的性能和安全性至关重要。在联盟链中，由于更注重隐私、安全和监管，通常采用传统的 BFT 共识。BFT 通过节点之间的相互通信和投票来达成共识，适用于要求高度可控性的联盟链环境。

7.2.3　数据储存层

在数据储存层中，联盟链节点拥有信息的投票、发布、审核、验证、记录及查看等权限。联盟链的全节点通过 BFT 共识机制进行投票选举授权节点，授权节点负责对全网可上链的信息进行收集与筛选。经过哈希算法单向加密，信息被压缩成由一串数字和字母组成的散列字符串并编码到 Merkle 树中。Merkle 树由区块头和区块体组成，其中，区块头既包括当前区块 Merkle 树根的哈希值，又包括上一个区块头的 Merkle 树根的哈希值。Merkle 树根的哈希值代表整个区块数据的摘要。如果底层（叶子节点）数据发生变动，该变动将逐级向上传递到树根节点，导致根节点的哈希值发生变化。上传的数据将被打包成独立的"区块"，并附加时间戳，使得各区块能够按照生成时间的先后顺序相连，形成区块链结构。因此，当区块被广播时，联盟链节点只需将当前区块的 Merkle 树根哈希值与下一个区块头中的哈希值进行比对，即可验证整个信息库中信息的真实性。信息得到确认后，质量数据将被分类整合，形成政务信息库、溯源信息库、保供企业查询库、仓储管理信息库、物流企业信息库、车源信息库以及交通运输信息库等数据库，各节点可以对全链信息进行同步、更新与备份，集成供需对接的交互式数据共享服务。该信息系统不仅简化了数据收集、交换与认证过程，还优化了应急智慧供应链物资交易的异常预警与追责机制。具体如图 7 - 3 所示。

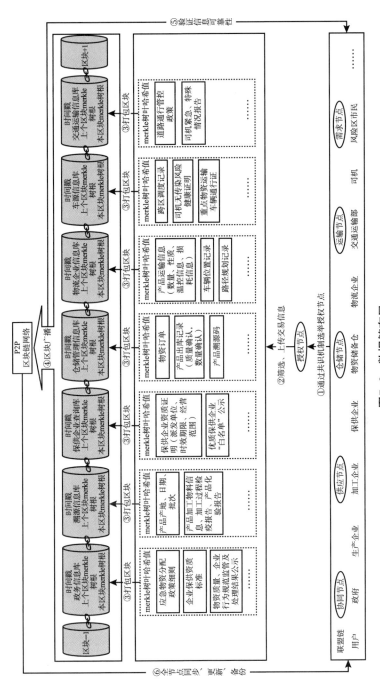

图7-3 数据储存层

7.3 应急智慧供应链质量的应急主体自组织保障机制

图7-4为突发公共卫生事件发生时，应急智慧供应链内供应节点、仓储节点、运输节点以及协同节点等应急主体自组织保障工作流程。

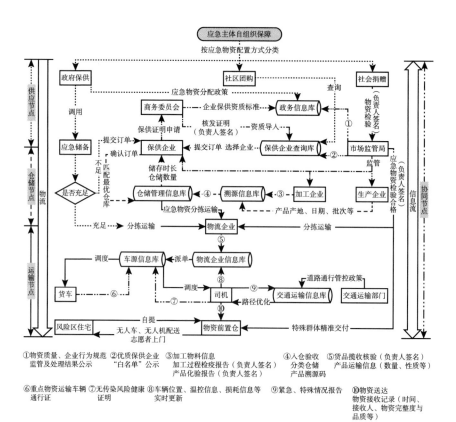

①物资质量、企业行为规范 ②优质供应企业 ③加工物料信息 ④入仓验收 货品揽收核验（负责人签名）
监管及处理结果公示 "白名单"公示 加工过程检疫报告（负责人签名） 分类仓储 产品运输信息（数量、性质等）
产品化验报告（负责人签名） 产品溯源码
⑥重点物资运输车辆 ⑦无传染风险健康 ⑧车辆位置、温控信息、损耗信息等 ⑨紧急、特殊情况报告 ⑩物资送达
通行证 证明 实时更新 物资接收记录（时间、
接收人、物资完整度与
品质等）

图7-4 突发公共卫生事件下应急主体自组织保障工作流程

7.3.1 供应节点物资保障工作流程

在供应节点设置了三种物资配置方式。第一种是政府保障供应方式。突发公共卫生事件发生后，政府除了动用自有的应急储备外，也会提前与保供企业签署协议，要求其协助筹集和储备物资。当应急储备出现不足，政府迅速向保供企业提交订单，快速匹配最优仓库进行物资调拨。第二种是社区团购方式。由于政府通常提供的保供物资单一，难以满足不同人群的多样需求。因此，社区居民还可以选择社区团购模式补给物资，居民根据需求查询参与团购的企业，归集订单并直接提交给保供企业，以销定采，统一配送，从而降低生鲜物资损耗并保证价格合理。第三种是社会捐赠方式。为满足特殊人群（如老年人、残疾人、孕妇、急性病患者、长期慢性病患者等）在非常态情况下的特殊生活和医疗需求，社会爱心组织需要参与捐赠，以保障紧急需求。同时，应建立专门的通道，确保捐赠物资顺利流通。

7.3.2 仓储节点物资保障工作流程

仓储节点通过溯源信息库与仓储管理信息库保障应急物资的质量安全，落实精确的责任追溯机制，从而防止假冒伪劣物资流入供应链。依托区块链技术，溯源信息库能够记录应急物资在生产企业和加工企业各流程中的信息，如产品的产地、生产日期、批次和物料加工信息、加工过程检疫报告及产品化验报告等。各生产供应链参与者必须在每个阶段确认任务执行情况，且通过签名保证对所供货物的质量负责，实现从交付到源头的全程追溯。物资验收入库后，溯源信息库生成的溯源码会一并导入仓储管理信息库，并添加储存时长与仓储数量。在后续流程中，用户可以通过查询溯源码了解物资在供应链上游的相关信息，若交付时出现物资质量安全问题，能够根据负责人签名精准追责，从而缩短问责流程。

7.3.3 运输节点物资保障工作流程

在运输节点上整合物流企业、车源市场和交通运输部门，确保应急物资能够快速配送。物流企业在完成货品的揽收和核验后，立即上传产品运输信息，并迅速向车源信息库派单，以便紧急调度货车与司机。在运输过程中，司机需实时更新车辆位置、温控和损耗信息，从而提高应急物流的完备性和可视化水平。交通运输部门利用人工智能进行线路规划和路径优化，并及时更新道路通行管控政策，以避免应急物流运作迟滞、休眠、失衡或中断的情况。如果司机在运输过程中遇到过度防控等紧急情况，可及时向交通运输部门报告受阻缘由，相关部门将即刻对接跟踪和协调，尽最大努力提供服务保障。当物资送达前置仓后，需及时上传物资接收记录，居民可以选择自提或志愿者配送以缓解配送压力。若配送人员无法到达需求点，可利用"货车—无人车"或"货车—无人机"协同配送模式，将主副食品及日用消费品等应急物资送达居民家门口。

7.3.4　协同节点监管保障工作流程

在协同节点，政府及相关组织的应急管理中心通过智能供应链进行联合监管与分工。供应链中上游环节由商务委员会统一核发资质，市场监管局负责秩序维护和公众权益保护；下游环节则由交通运输部门发放重点物资运输车辆的通行证。为保障市民能够从正规保供企业订购生活必需品，商务委员会对普通企业进行保供资格的体系性资质审查，通过审核的企业将被纳入保供企业查询库，供市民查询。市场监管局负责解决溢价及捐赠物流方向问题，加强价格监测预警和物资安全抽检，查处价格违法行为，并公示处理结果和取消涉事企业的保供资格，同时发布优质供应企业"白名单"。此外，确保公众对捐赠物资分配流向的知情权、参与权和监督权。定向捐赠方可通过物流企业信息库追踪捐赠物资，非定向捐赠则可在供需匹配系统查看分配方案和流转信息。交通运输部门给有健康证明的司机发放重点物资运输车辆通行证，上传至车源信息库。司机进入高风险区时，可以利用非对称加密算法证明身份，方便其快速通过防控卡点。

7.4　应急智慧供应链质量的智能合约自执行保障机制

尼克萨博在 1994 年提出了智能合约概念，但由于当时缺乏可靠的执行环境，这一概念未能得到实际应用。随着区块链技术的出现，智能合约的需求得以满足，区块链为其提供了可信的执行环境。在以技术代码为中心、由客观机器自动运行的功能模块中，区块链通过共识机制确保无效活动被自动拒绝，从而增强了合约的安全性。当信息反馈触发特定条件时，预设的智能合约便会自动执行交易，引导用户按照预定规则执行任务，极大地减少了用户在已记录协议中的违规操作空间，降低了因人性中潜在的机会主义导致合作失败的风险（Lumineau et al.，2020）。

智能合约自执行特性通过智能应急响应合约、智能市民服务合约以及智能激励驱动合约，有效支持事前紧急资源调配，事后资金结算与补偿及奖励分配优化等功能，拓展了应急智慧供应链质量保障机制的实现路径，提高了整个保障机制的灵敏性与能动性。智能合约自执行保障实现模式如图 7-5 所示。

7.4.1　智能应急响应合约实现模式

智能应急响应合约通过自执行条款，使协作各方在事前了解预案中的计划和规则，以明确各组织的职责并确保任务按计划执行。为拟定自执行条款，首先需要政府部门与应急供应链领域的专家合作，将应急保供企业和商用物流企业纳入应急管理范畴，共同编制自执行条款。当突发公共卫生事件监测系统触发警报时，智能应急响应合约将根据突发公共卫生事件的性质、危害程度和涉及范围自动评估灾害等级并启动相应条款，快速构建应急组织体系，协调各应急力量开展医疗救援、宣传教育、科研攻关、

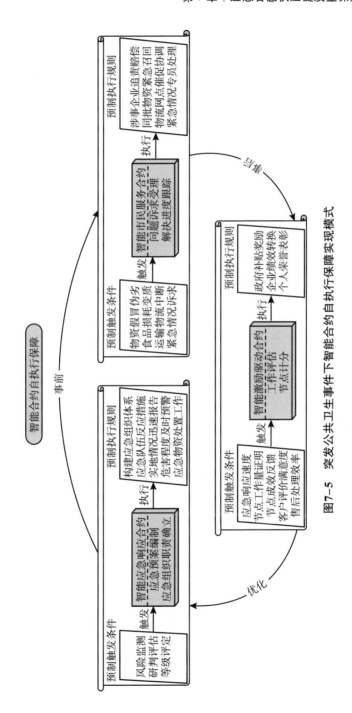

图7-5 突发公共卫生事件下智能合约自执行保障实现模式

后勤保障及督导检查等应急措施。同时，派出工作组迅速前往事发地，进行实地调查并及时报告情况，评估危害程度和潜在发展趋势，并组织应急物资和设备的调配等处置工作。

7.4.2　智能市民服务合约实现模式

智能市民服务合约旨在集中处理应急智慧供应链的售后服务诉求，提升服务效率和群众满意度。当市民收到的生活必需品等应急物资存在假冒伪劣、损耗变质或遭遇运输物流中断的情况时，可通过合约进行质量反馈。一旦受理，解决方案将由智能合约强制自动执行，从而降低公众维权成本，简化维权流程。针对产品问题，智能合约可自动核实区块链上的交易记录，调取产品溯源码，从源头开始核查每个环节，筛出问题环节，并对涉事企业或责任人实施处罚，同时对反馈主体进行理赔，对问题物资则实施物流拦截或紧急召回。针对物流问题，智能合约可以精准识别物资转运过程中的中断环节，提取中断原因并通知反馈主体，并对滞留网点进行实时催促。对于特殊群体及其他紧急诉求，智能合约可自动联络专员，处理过程全程动态留痕并展示在区块链上。若出现专员接应延迟或处理中断等情况，智能合约将重新指派其他专员并对前专员实施处罚。

7.4.3　智能激励驱动合约实现模式

智能激励驱动合约优化了供应链节点间的合作机制，通过政策激励、奖惩机制、互惠措施、信誉积分及电子货币等手段，激励主体积极参与并促进协作。合约通过工作评估机制，根据应急主体的响应速度、节点工作量证明、成效反馈、客户满意度（包括产品包装、服务态度、物资配送速度）及售后处理效率等指标，进行节点评分并将分值并上传至区块链。政府参照评分结果，为高分节点提供财政补贴及政策优惠。为保证承担民生保障和保供业务的企业能够专注于自身的主营业务，合约可将企业的应急任务完成度转换成绩效作为激励，提高企业参与社会责任的积极性；对应急工作中有特殊贡献的个人则给予个人荣誉表彰，相关信息录入区块链以备考察，不仅可为晋升优势，更能增强个人成就感与价值感。

7.5 本章小结

本章围绕影响应急智慧供应链质量的六大因素，以保障突发公共卫生事件下的应急供应链质量为目标，设计了基于区块链技术的应急智慧供应链保障机制，涵盖应急主体自组织保障和智能合约自执行保障两个方面。通过区块链技术增强信息技术支撑能力；通过供应节点、仓储节点、运输节点及协同节点的物资保障和监管，提高物资筹措征集能力、物流运输配送能力和组织管理指挥的整体能力；利用智能应急响应合约、智能市民服务合约和智能激励驱动合约，提高应急准备响应和人道救助服务的水平。首先，详细阐述区块链技术在网络服务层、共识协议层及数据存储层的三级应用架构。其次，通过梳理工作流程，展示了供应链网络结构中各节点的交互和协同作用，实现应急主体自组织保障。最后，为减少各节点间违规操作的可能性及避免合作失效的情况，采用智能合约自动执行预设的质量管理方案。

附　录

附录 1　指标重要度问卷调查结果统计

指标	专家 1			专家 2			专家 3			专家 4			专家 5		
	A	B	C	A	B	C	A	B	C	A	B	C	A	B	C
x_1	4	0.8	0.6	4	1	0.8	5	0.4	0.8	5	1	0.2	4	1	0.8
x_2	5	0.8	0.6	5	1	0.8	4	0.8	0.8	4	1	0.6	5	1	0.8
x_3	5	0.4	0.4	4	0.8	0.8	4	0.4	0.8	5	0.4	0.2	4	1	0.8
x_4	3	0.4	0.4	3	1	0.8	4	0.8	0.8	4	4	0.6	4	1	0.8

续表

指标	专家1			专家2			专家3			专家4			专家5		
	A	B	C	A	B	C	A	B	C	A	B	C	A	B	C
x_5	4	0.8	0.6	5	1	0.6	4	0.4	0.8	5	3	0.6	5	1	0.8
x_6	4	0.4	0.6	4	0.6	0.6	5	0.8	0.4	4	1	0.8	5	1	0.8
x_7	5	0.4	0.8	3	1	0.8	4	1	0.4	4	1	0.2	4	1	0.8
x_8	3	0.4	0.8	3	0.8	0.6	3	1	0.8	4	0.2	0.8	4	1	0.8
x_9	3	0.8	0.6	4	0.4	0.6	3	1	0.8	3	0.2	0.8	4	0.8	0.4
x_{10}	4	0.8	0.6	3	1	0.8	4	1	0.8	4	0.2	0.8	4	0.8	0.8
x_{11}	3	0.8	0.6	2	1	0.6	3	1	0.8	2	0.2	0.8	4	0.4	0.8
x_{12}	4	0.8	0.8	5	1	0.6	4	1	0.8	3	0.2	0.8	5	1	0.8
x_{13}	3	0.8	0.4	4	1	0.8	4	0.8	0.8	3	0.4	0.8	4	1	0.8
x_{14}	3	0.8	0.4	3	0.8	0.6	3	0.8	0.8	2	0.4	0.6	4	0.8	0.8
x_{15}	2	0.8	0.6	3	0.6	0.8	2	0.8	0.8	3	0.4	0.2	3	0.8	0.8
x_{16}	4	1	0.6	4	1	0.8	4	0.8	0.8	5	0.4	0.6	5	0.4	0.8
x_{17}	3	0.4	0.8	3	1	0.8	3	0.8	0.8	2	0.4	0.8	4	0.4	0.8

续表

指标	专家1			专家2			专家3			专家4			专家5		
	A	B	C	A	B	C	A	B	C	A	B	C	A	B	C
x_{18}	5	0.8	0.6	4	0.6	0.8	4	0.4	0.8	5	0.4	0.6	5	1	0.8
x_{19}	4	0.8	0.6	4	1	0.8	3	0.4	0.8	3	1	0.8	4	0.8	0.8
x_{20}	3	0.8	0.6	3	1	0.8	2	1	0.4	3	1	0.6	3	0.8	0.8
x_{21}	3	0.8	0.6	3	0.8	0.8	4	0.8	0.8	4	1	0.6	4	0.8	0.4

指标	专家6			专家7			专家8			专家9			专家10		
	A	B	C	A	B	C	A	B	C	A	B	C	A	B	C
x_1	5	0.8	0.6	4	0.8	0.6	5	0.4	0.8	5	0.4	0.8	5	0.6	0.4
x_2	4	0.4	0.6	5	1	0.4	4	0.4	0.4	5	1	0.8	4	1	0.6
x_3	5	0.4	0.6	4	0.8	0.6	4	1	0.8	5	0.8	0.8	4	0.4	0.8
x_4	3	1	0.6	4	1	0.6	3	0.8	0.4	4	1	0.8	4	0.8	0.8
x_5	5	0.4	0.6	5	0.8	0.4	4	0.4	0.8	5	0.8	0.8	5	1	0.8
x_6	4	0.8	0.6	4	1	0.4	5	0.4	0.4	5	0.8	0.8	4	1	0.8
x_7	4	1	0.6	5	1	0.6	4	0.8	0.8	4	0.8	0.8	4	1	0.8

209

续表

指标	专家6			专家7			专家8			专家9			专家10		
	A	B	C	A	B	C	A	B	C	A	B	C	A	B	C
x_8	4	0.8	0.6	4	1	0.6	3	0.8	0.8	4	0.4	0.8	4	0.8	0.8
x_9	4	0.8	0.6	4	1	0.6	4	0.4	0.6	3	0.4	0.8	4	0.8	0.8
x_{10}	3	1	0.4	4	1	0.6	4	1	0.8	4	1	0.8	3	0.4	0.6
x_{11}	3	1	0.8	2	0.8	0.6	3	0.8	0.8	2	0.4	0.8	3	0.6	0.4
x_{12}	4	0.8	0.4	5	0.8	0.6	5	0.4	0.6	4	0.4	0.8	5	0.4	0.8
x_{13}	3	0.8	0.6	3	0.8	0.6	4	0.4	0.8	4	0.4	0.8	4	0.8	0.6
x_{14}	3	0.4	0.8	4	0.8	0.6	3	0.8	0.8	3	0.8	0.8	4	0.8	0.6
x_{15}	3	1	0.8	2	1	0.6	3	0.6	0.4	2	0.8	0.8	3	0.4	0.6
x_{16}	4	1	0.6	5	0.8	0.6	5	0.4	0.8	4	0.8	0.6	5	1	0.8
x_{17}	3	1	0.8	4	0.8	0.6	3	1	0.4	3	0.4	0.8	2	1	0.8
x_{18}	5	0.8	0.8	5	1	0.6	4	0.8	0.8	5	0.4	0.8	5	1	0.8
x_{19}	3	0.8	0.8	4	1	0.6	3	0.4	0.6	4	0.8	0.4	4	1	0.6
x_{20}	4	0.4	0.8	3	0.8	0.6	2	1	0.4	3	0.4	0.8	3	1	0.8
x_{21}	3	1	0.6	4	0.8	0.6	4	0.4	0.8	3	0.8	0.8	4	0.8	0.6

注：A 表示专家对指标重要度判断的得分，B 表示专家对指标熟悉程度的得分，C 表示对指标进行重要度判断的依据来源的得分。

附录 2 判 断 矩 阵

1. 一级指标相对重要性的判断矩阵（智慧技术水平、智慧管理水平、智慧共享水平、智慧服务水平）

高校物流研究学者 1

$$\begin{bmatrix} (0.50,\ 0.30) & (0.60,\ 0.25) & (0.70,\ 0.20) & (0.60,\ 0.25) \\ (0.40,\ 0.45) & (0.50,\ 0.30) & (0.60,\ 0.25) & (0.50,\ 0.30) \\ (0.30,\ 0.60) & (0.40,\ 0.45) & (0.50,\ 0.30) & (0.30,\ 0.60) \\ (0.40,\ 0.45) & (0.50,\ 0.30) & (0.70,\ 0.20) & (0.50,\ 0.30) \end{bmatrix}$$

高校物流研究学者 2

$$\begin{bmatrix} (0.50,\ 0.30) & (0.70,\ 0.20) & (0.60,\ 0.25) & (0.50,\ 0.30) \\ (0.30,\ 0.60) & (0.50,\ 0.30) & (0.20,\ 0.75) & (0.30,\ 0.60) \\ (0.40,\ 0.45) & (0.80,\ 0.15) & (0.50,\ 0.30) & (0.40,\ 0.45) \\ (0.50,\ 0.30) & (0.70,\ 0.20) & (0.60,\ 0.25) & (0.50,\ 0.30) \end{bmatrix}$$

原始统计结果

物流企业管理者 1

$$\begin{bmatrix} 1 & 5 & 5 & 5 \\ 1/5 & 1 & 4 & 4 \\ 1/5 & 1/4 & 1 & 3 \\ 1/5 & 1/4 & 1/3 & 1 \end{bmatrix}$$

一致化为直觉模糊矩阵

物流企业管理者 1

$$\begin{bmatrix} (0.50,\ 0.30) & (0.90,\ 0.10) & (0.90,\ 0.10) & (0.90,\ 0.10) \\ (0.10,\ 0.90) & (0.50,\ 0.30) & (0.80,\ 0.15) & (0.80,\ 0.15) \\ (0.10,\ 0.90) & (0.20,\ 0.75) & (0.50,\ 0.30) & (0.70,\ 0.20) \\ (0.10,\ 0.90) & (0.20,\ 0.75) & (0.30,\ 0.60) & (0.50,\ 0.30) \end{bmatrix}$$

原始统计结果	一致化为直觉模糊矩阵

物流企业管理者2

$$\begin{bmatrix} 1 & 5 & 5 & 5 \\ 1/5 & 1 & 4 & 4 \\ 1/5 & 1/4 & 1 & 3 \\ 1/5 & 1/4 & 1/3 & 1 \end{bmatrix}$$

物流企业管理者2

$$\begin{bmatrix} (0.50,\ 0.30) & (0.90,\ 0.10) & (0.90,\ 0.10) & (0.90,\ 0.10) \\ (0.10,\ 0.90) & (0.50,\ 0.30) & (0.80,\ 0.15) & (0.80,\ 0.15) \\ (0.10,\ 0.90) & (0.20,\ 0.75) & (0.50,\ 0.30) & (0.70,\ 0.20) \\ (0.10,\ 0.90) & (0.20,\ 0.75) & (0.30,\ 0.60) & (0.50,\ 0.30) \end{bmatrix}$$

物流企业客户1

$$\begin{bmatrix} S_m & S_m & S_m & S_m \\ S_h & S_m & S_m & S_m \\ S_m & S_m & S_m & S_l \\ S_m & S_m & S_h & S_m \end{bmatrix}$$

物流企业客户1

$$\begin{bmatrix} (0.50,\ 0.30) & (0.50,\ 0.30) & (0.50,\ 0.30) & (0.50,\ 0.30) \\ (0.70,\ 0.20) & (0.50,\ 0.30) & (0.50,\ 0.30) & (0.50,\ 0.30) \\ (0.50,\ 0.30) & (0.50,\ 0.30) & (0.50,\ 0.30) & (0.30,\ 0.60) \\ (0.50,\ 0.30) & (0.50,\ 0.30) & (0.70,\ 0.20) & (0.50,\ 0.30) \end{bmatrix}$$

物流企业客户2

$$\begin{bmatrix} S_m & S_{eh} & S_{eh} & S_{vh} \\ S_m & S_m & S_{vh} & S_h \\ S_{el} & S_{vl} & S_m & S_m \\ S_{vl} & S_l & S_m & S_m \end{bmatrix}$$

物流企业客户2

$$\begin{bmatrix} (0.50,\ 0.30) & (0.90,\ 0.10) & (0.90,\ 0.10) & (0.80,\ 0.15) \\ (0.50,\ 0.30) & (0.50,\ 0.30) & (0.80,\ 0.15) & (0.70,\ 0.20) \\ (0.10,\ 0.90) & (0.20,\ 0.75) & (0.50,\ 0.30) & (0.50,\ 0.30) \\ (0.20,\ 0.75) & (0.30,\ 0.60) & (0.50,\ 0.30) & (0.50,\ 0.30) \end{bmatrix}$$

2. 二级指标相对重要性的判断矩阵

（1）智慧信息系统水平、智慧物流设备水平。

高校物流研究者1	高校物流研究者2
$\begin{bmatrix} (0.50,\ 0.50,\ 0.30) & (0.50,\ 0.50,\ 0.30) \\ (0.50,\ 0.50,\ 0.30) & (0.50,\ 0.50,\ 0.30) \end{bmatrix}$	$\begin{bmatrix} (0.50,\ 0.50,\ 0.30) & (0.50,\ 0.50,\ 0.30) \\ (0.50,\ 0.50,\ 0.30) & (0.50,\ 0.50,\ 0.30) \end{bmatrix}$
原始统计结果	一致化为直觉模糊矩阵
物流企业管理者1 $\begin{bmatrix} 1 & 5 \\ 1/5 & 1 \end{bmatrix}$	物流企业管理者1 $\begin{bmatrix} (0.50,\ 0.30) & (0.90,\ 0.10) \\ (0.10,\ 0.90) & (0.50,\ 0.30) \end{bmatrix}$
物流企业管理者2 $\begin{bmatrix} 1 & 5 \\ 1/5 & 1 \end{bmatrix}$	物流企业管理者2 $\begin{bmatrix} (0.50,\ 0.30) & (0.90,\ 0.10) \\ (0.10,\ 0.90) & (0.50,\ 0.30) \end{bmatrix}$
物流企业客户1 $\begin{bmatrix} S_m & S_m \\ S_m & S_m \end{bmatrix}$	物流企业客户1 $\begin{bmatrix} (0.50,\ 0.30) & (0.50,\ 0.30) \\ (0.50,\ 0.30) & (0.50,\ 0.30) \end{bmatrix}$
物流企业客户2 $\begin{bmatrix} S_m & S_m \\ S_m & S_m \end{bmatrix}$	物流企业客户2 $\begin{bmatrix} (0.50,\ 0.30) & (0.50,\ 0.30) \\ (0.50,\ 0.30) & (0.50,\ 0.30) \end{bmatrix}$

（2）业务智慧运营水平、智慧管理创新水平。

	高校物流研究学者1	高校物流研究学者2
	$\begin{bmatrix}(0.50,\ 0.30) & (0.60,\ 0.25)\\(0.40,\ 0.45) & (0.50,\ 0.30)\end{bmatrix}$	$\begin{bmatrix}(0.50,\ 0.30) & (0.60,\ 0.25)\\(0.40,\ 0.45) & (0.50,\ 0.30)\end{bmatrix}$
	原始统计结果	一致化为直觉模糊矩阵
物流企业管理者1	$\begin{bmatrix}1 & 4\\1/4 & 1\end{bmatrix}$	$\begin{bmatrix}(0.50,\ 0.30) & (0.80,\ 0.15)\\(0.20,\ 0.75) & (0.50,\ 0.30)\end{bmatrix}$
物流企业管理者2	$\begin{bmatrix}1 & 3\\1/3 & 1\end{bmatrix}$	$\begin{bmatrix}(0.50,\ 0.30) & (0.70,\ 0.20)\\(0.30,\ 0.60) & (0.50,\ 0.30)\end{bmatrix}$
物流企业客户1	$\begin{bmatrix}S_m & S_h\\S_l & S_m\end{bmatrix}$	$\begin{bmatrix}(0.50,\ 0.30) & (0.70,\ 0.20)\\(0.30,\ 0.60) & (0.50,\ 0.30)\end{bmatrix}$
物流企业客户2	$\begin{bmatrix}S_m & S_h\\S_l & S_m\end{bmatrix}$	$\begin{bmatrix}(0.50,\ 0.30) & (0.70,\ 0.20)\\(0.30,\ 0.60) & (0.50,\ 0.30)\end{bmatrix}$

（3）智慧物流技术及设施设备共享水平、智慧物流人力资源共享水平。

	高校物流研究学者 1	高校物流研究学者 2
	$\begin{bmatrix}(0.50,\ 0.30)&(0.70,\ 0.20)\\(0.30,\ 0.60)&(0.50,\ 0.30)\end{bmatrix}$	$\begin{bmatrix}(0.50,\ 0.30)&(0.50,\ 0.30)\\(0.50,\ 0.30)&(0.50,\ 0.30)\end{bmatrix}$
	原始统计结果	一致化为直觉模糊矩阵
物流企业管理者 1	$\begin{bmatrix}1&4\\1/4&1\end{bmatrix}$	$\begin{bmatrix}(0.50,\ 0.30)&(0.80,\ 0.15)\\(0.20,\ 0.75)&(0.50,\ 0.30)\end{bmatrix}$
物流企业管理者 2	$\begin{bmatrix}1&2\\1/2&1\end{bmatrix}$	$\begin{bmatrix}(0.50,\ 0.30)&(0.60,\ 0.25)\\(0.40,\ 0.45)&(0.50,\ 0.30)\end{bmatrix}$
物流企业客户 1	$\begin{bmatrix}S_m&S_m\\S_m&S_m\end{bmatrix}$	$\begin{bmatrix}(0.50,\ 0.30)&(0.50,\ 0.30)\\(0.50,\ 0.30)&(0.50,\ 0.30)\end{bmatrix}$
物流企业客户 2	$\begin{bmatrix}S_m&S_l\\S_h&S_m\end{bmatrix}$	$\begin{bmatrix}(0.50,\ 0.30)&(0.30,\ 0.60)\\(0.70,\ 0.20)&(0.50,\ 0.30)\end{bmatrix}$

（4）智慧物流服务便捷性、智慧物流服务安全性、智慧物流服务友好性。

高校物流研究学者1

$$\begin{bmatrix} (0.50,\ 0.30) & (0.40,\ 0.45) & (0.60,\ 0.25) \\ (0.60,\ 0.25) & (0.50,\ 0.30) & (0.70,\ 0.20) \\ (0.40,\ 0.45) & (0.30,\ 0.60) & (0.50,\ 0.30) \end{bmatrix}$$

高校物流研究学者2

$$\begin{bmatrix} (0.50,\ 0.30) & (0.30,\ 0.60) & (0.70,\ 0.20) \\ (0.70,\ 0.20) & (0.50,\ 0.30) & (0.70,\ 0.20) \\ (0.30,\ 0.60) & (0.30,\ 0.60) & (0.50,\ 0.30) \end{bmatrix}$$

原始统计结果

物流企业管理者1

$$\begin{bmatrix} 1 & 1/5 & 4 \\ 5 & 1 & 5 \\ 1/4 & 1/5 & 1 \end{bmatrix}$$

物流企业管理者2

$$\begin{bmatrix} 1 & 1/5 & 3 \\ 5 & 1 & 5 \\ 1/3 & 1/5 & 1 \end{bmatrix}$$

物流企业客户1

$$\begin{bmatrix} S_m & S_l & S_m \\ S_h & S_m & S_h \\ S_m & S_l & S_m \end{bmatrix}$$

一致化为直觉模糊矩阵

物流企业管理者1

$$\begin{bmatrix} (0.50,\ 0.30) & (0.10,\ 0.90) & (0.80,\ 0.15) \\ (0.90,\ 0.10) & (0.50,\ 0.30) & (0.90,\ 0.10) \\ (0.20,\ 0.75) & (0.10,\ 0.90) & (0.50,\ 0.30) \end{bmatrix}$$

物流企业管理者2

$$\begin{bmatrix} (0.50,\ 0.30) & (0.10,\ 0.90) & (0.70,\ 0.20) \\ (0.90,\ 0.10) & (0.50,\ 0.30) & (0.90,\ 0.10) \\ (0.30,\ 0.60) & (0.10,\ 0.90) & (0.50,\ 0.30) \end{bmatrix}$$

物流企业客户1

$$\begin{bmatrix} (0.50,\ 0.30) & (0.30,\ 0.60) & (0.50,\ 0.30) \\ (0.70,\ 0.20) & (0.50,\ 0.30) & (0.70,\ 0.20) \\ (0.50,\ 0.30) & (0.30,\ 0.60) & (0.50,\ 0.30) \end{bmatrix}$$

续表

原始统计结果	一致化为直觉模糊矩阵
物流企业客户 2 $\begin{bmatrix} S_m & S_{el} & S_m \\ S_{eh} & S_m & S_{eh} \\ S_m & S_{el} & S_m \end{bmatrix}$	物流企业客户 2 $\begin{bmatrix} (0.50,\ 0.30) & (0.10,\ 0.90) & (0.50,\ 0.30) \\ (0.90,\ 0.10) & (0.50,\ 0.30) & (0.90,\ 0.10) \\ (0.50,\ 0.30) & (0.10,\ 0.90) & (0.50,\ 0.30) \end{bmatrix}$

3. 三级指标相对重要性的判断矩阵

(1) 信息技术应用水平、信息双向传递水平、对外业务电子化水平、信息安全保障水平。

高校物流研究学者 1

$$\begin{bmatrix} (0.50,\ 0.30) & (0.60,\ 0.25) & (0.50,\ 0.30) & (0.50,\ 0.30) \\ (0.40,\ 0.45) & (0.50,\ 0.30) & (0.40,\ 0.45) & (0.30,\ 0.60) \\ (0.50,\ 0.30) & (0.60,\ 0.25) & (0.50,\ 0.30) & (0.40,\ 0.45) \\ (0.50,\ 0.30) & (0.70,\ 0.20) & (0.60,\ 0.25) & (0.50,\ 0.30) \end{bmatrix}$$

高校物流研究学者 2

$$\begin{bmatrix} (0.50,\ 0.30) & (0.80,\ 0.15) & (0.70,\ 0.20) & (0.60,\ 0.25) \\ (0.20,\ 0.75) & (0.50,\ 0.30) & (0.30,\ 0.60) & (0.20,\ 0.75) \\ (0.30,\ 0.60) & (0.70,\ 0.20) & (0.50,\ 0.30) & (0.20,\ 0.75) \\ (0.40,\ 0.45) & (0.80,\ 0.15) & (0.80,\ 0.15) & (0.50,\ 0.30) \end{bmatrix}$$

续表

原始统计结果	一致化为直觉模糊矩阵
物流企业管理者1 $$\begin{bmatrix} 1 & 5 & 5 & 5 \\ 1/5 & 1 & 3 & 1/4 \\ 1/5 & 1/3 & 1 & 5 \\ 1/5 & 4 & 1/5 & 1 \end{bmatrix}$$	物流企业管理者1 $$\begin{bmatrix} (0.50,\,0.30) & (0.90,\,0.10) & (0.90,\,0.10) & (0.90,\,0.10) \\ (0.10,\,0.90) & (0.50,\,0.30) & (0.70,\,0.20) & (0.20,\,0.75) \\ (0.10,\,0.90) & (0.30,\,0.60) & (0.50,\,0.30) & (0.90,\,0.10) \\ (0.10,\,0.90) & (0.80,\,0.15) & (0.10,\,0.90) & (0.50,\,0.30) \end{bmatrix}$$
物流企业管理者2 $$\begin{bmatrix} 1 & 1/3 & 3 & 1/5 \\ 3 & 1 & 4 & 1/5 \\ 1/3 & 1/4 & 1 & 1/5 \\ 5 & 5 & 5 & 1 \end{bmatrix}$$	物流企业管理者2 $$\begin{bmatrix} (0.50,\,0.30) & (0.30,\,0.60) & (0.70,\,0.20) & (0.10,\,0.90) \\ (0.70,\,0.20) & (0.50,\,0.30) & (0.80,\,0.15) & (0.10,\,0.90) \\ (0.30,\,0.60) & (0.20,\,0.75) & (0.50,\,0.30) & (0.10,\,0.90) \\ (0.90,\,0.10) & (0.90,\,0.10) & (0.90,\,0.10) & (0.50,\,0.30) \end{bmatrix}$$
物流企业客户1 $$\begin{bmatrix} S_m & S_h & S_h & S_m \\ S_l & S_m & S_l & S_m \\ S_l & S_h & S_m & S_m \\ S_m & S_m & S_m & S_m \end{bmatrix}$$	物流企业客户1 $$\begin{bmatrix} (0.50,\,0.30) & (0.70,\,0.20) & (0.70,\,0.20) & (0.50,\,0.30) \\ (0.30,\,0.60) & (0.50,\,0.30) & (0.30,\,0.60) & (0.50,\,0.30) \\ (0.30,\,0.60) & (0.70,\,0.20) & (0.50,\,0.30) & (0.50,\,0.30) \\ (0.50,\,0.30) & (0.50,\,0.30) & (0.50,\,0.30) & (0.50,\,0.30) \end{bmatrix}$$
物流企业客户2 $$\begin{bmatrix} S_m & S_m & S_{ch} & S_{vh} \\ S_m & S_m & S_{vh} & S_h \\ S_{el} & S_{ch} & S_m & S_l \\ S_{vl} & S_l & S_h & S_m \end{bmatrix}$$	物流企业客户2 $$\begin{bmatrix} (0.50,\,0.30) & (0.50,\,0.30) & (0.90,\,0.10) & (0.80,\,0.15) \\ (0.50,\,0.30) & (0.50,\,0.30) & (0.20,\,0.75) & (0.70,\,0.20) \\ (0.10,\,0.90) & (0.80,\,0.15) & (0.50,\,0.30) & (0.30,\,0.60) \\ (0.20,\,0.75) & (0.30,\,0.60) & (0.70,\,0.20) & (0.50,\,0.30) \end{bmatrix}$$

（2）智慧终端设备使用水平、自动中转设备使用水平、智能定位设备使用水平。

高校物流研究者1

$$\begin{bmatrix} (0.50,\ 0.30) & (0.50,\ 0.30) & (0.70,\ 0.20) \\ (0.50,\ 0.30) & (0.50,\ 0.30) & (0.60,\ 0.25) \\ (0.30,\ 0.60) & (0.40,\ 0.45) & (0.50,\ 0.30) \end{bmatrix}$$

原始统计结果

物流企业管理者1

$$\begin{bmatrix} 1 & 5 & 5 \\ 1/5 & 1 & 4 \\ 1/5 & 1/4 & 1 \end{bmatrix}$$

物流企业管理者2

$$\begin{bmatrix} 1 & 2 & 3 \\ 1/2 & 1 & 3 \\ 1/3 & 1/3 & 1 \end{bmatrix}$$

物流企业客户1

$$\begin{bmatrix} S_m & S_l & S_l \\ S_l & S_m & S_l \\ S_h & S_h & S_m \end{bmatrix}$$

高校物流研究者2

$$\begin{bmatrix} (0.50,\ 0.30) & (0.70,\ 0.20) & (0.50,\ 0.30) \\ (0.30,\ 0.60) & (0.50,\ 0.30) & (0.50,\ 0.30) \\ (0.50,\ 0.30) & (0.50,\ 0.30) & (0.50,\ 0.30) \end{bmatrix}$$

一致化为直觉模糊矩阵

物流企业管理者1

$$\begin{bmatrix} (0.50,\ 0.30) & (0.90,\ 0.10) & (0.90,\ 0.10) \\ (0.10,\ 0.90) & (0.50,\ 0.30) & (0.80,\ 0.15) \\ (0.10,\ 0.90) & (0.20,\ 0.75) & (0.50,\ 0.30) \end{bmatrix}$$

物流企业管理者2

$$\begin{bmatrix} (0.50,\ 0.30) & (0.60,\ 0.25) & (0.70,\ 0.20) \\ (0.40,\ 0.45) & (0.50,\ 0.30) & (0.70,\ 0.20) \\ (0.30,\ 0.60) & (0.30,\ 0.60) & (0.50,\ 0.30) \end{bmatrix}$$

物流企业客户1

$$\begin{bmatrix} (0.50,\ 0.30) & (0.70,\ 0.20) & (0.30,\ 0.60) \\ (0.30,\ 0.60) & (0.50,\ 0.30) & (0.30,\ 0.60) \\ (0.70,\ 0.20) & (0.70,\ 0.20) & (0.50,\ 0.30) \end{bmatrix}$$

续表

原始统计结果	一致化为直觉模糊矩阵
物流企业客户 2 $\begin{bmatrix} S_m & S_{tl} & S_{th} \\ S_{th} & S_m & S_{el} \\ S_{tl} & S_{el} & S_m \end{bmatrix}$	物流企业客户 2 $\begin{bmatrix} (0.50,\ 0.30) & (0.20,\ 0.75) & (0.80,\ 0.15) \\ (0.80,\ 0.15) & (0.50,\ 0.30) & (0.90,\ 0.10) \\ (0.20,\ 0.75) & (0.10,\ 0.90) & (0.50,\ 0.30) \end{bmatrix}$
高校物流研学者 1 $\begin{bmatrix} (0.50,\ 0.30) & (0.40,\ 0.45) \\ (0.60,\ 0.25) & (0.50,\ 0.30) \end{bmatrix}$	高校物流研学者 2 $\begin{bmatrix} (0.50,\ 0.30) & (0.20,\ 0.75) \\ (0.80,\ 0.15) & (0.50,\ 0.30) \end{bmatrix}$
物流企业管理者 1 $\begin{bmatrix} 1 & 5 \\ 1/5 & 1 \end{bmatrix}$	物流企业管理者 1 $\begin{bmatrix} (0.50,\ 0.30) & (0.90,\ 0.10) \\ (0.10,\ 0.90) & (0.50,\ 0.30) \end{bmatrix}$

（3）物流数据运营水平、智慧物流供应链运营水平。

续表

原始统计结果	一致化为直觉模糊矩阵
物流企业管理者2 $\begin{bmatrix} 1 & 4 \\ 1/4 & 1 \end{bmatrix}$	物流企业管理者2 $\begin{bmatrix} (0.50, 0.30) & (0.80, 0.15) \\ (0.20, 0.75) & (0.50, 0.30) \end{bmatrix}$
物流企业客户1 $\begin{bmatrix} S_m & S_l \\ S_h & S_m \end{bmatrix}$	物流企业客户1 $\begin{bmatrix} (0.50, 0.30) & (0.30, 0.60) \\ (0.70, 0.20) & (0.50, 0.30) \end{bmatrix}$
物流企业客户2 $\begin{bmatrix} S_m & S_{el} \\ S_{eh} & S_m \end{bmatrix}$	物流企业客户2 $\begin{bmatrix} (0.50, 0.30) & (0.10, 0.90) \\ (0.90, 0.10) & (0.50, 0.30) \end{bmatrix}$
高校物流研究学者1 $\begin{bmatrix} (0.50, 0.30) & (0.60, 0.25) \\ (0.40, 0.45) & (0.50, 0.30) \end{bmatrix}$	高校物流研究学者2 $\begin{bmatrix} (0.50, 0.30) & (0.50, 0.30) \\ (0.50, 0.30) & (0.50, 0.30) \end{bmatrix}$

（4）智慧物流人才占比、智慧物流知识更新运用能力。

续表

原始统计结果	一致化为直觉模糊矩阵
物流企业管理者1 $\begin{bmatrix} 1 & 5 \\ 1/5 & 1 \end{bmatrix}$	物流企业管理者1 $\begin{bmatrix} (0.50,\ 0.30) & (0.90,\ 0.10) \\ (0.10,\ 0.90) & (0.50,\ 0.30) \end{bmatrix}$
物流企业管理者2 $\begin{bmatrix} 1 & 3 \\ 1/3 & 1 \end{bmatrix}$	物流企业管理者2 $\begin{bmatrix} (0.50,\ 0.30) & (0.70,\ 0.20) \\ (0.30,\ 0.60) & (0.50,\ 0.30) \end{bmatrix}$
物流企业客户1 $\begin{bmatrix} S_m & S_{vh} \\ S_{vl} & S_m \end{bmatrix}$	物流企业客户1 $\begin{bmatrix} (0.50,\ 0.30) & (0.80,\ 0.15) \\ (0.20,\ 0.75) & (0.50,\ 0.30) \end{bmatrix}$
物流企业客户2 $\begin{bmatrix} S_m & S_{vh} \\ S_{vl} & S_m \end{bmatrix}$	物流企业客户2 $\begin{bmatrix} (0.50,\ 0.30) & (0.80,\ 0.15) \\ (0.20,\ 0.75) & (0.50,\ 0.30) \end{bmatrix}$

（5）新一代信息技术共享水平、共享仓库或货配送中心平台建设。

高校物流研究学者1

$$\begin{bmatrix} (0.50,\ 0.30) & (0.30,\ 0.60) \\ (0.70,\ 0.20) & (0.50,\ 0.30) \end{bmatrix}$$

高校物流研究学者2

$$\begin{bmatrix} (0.50,\ 0.30) & (0.40,\ 0.45) \\ (0.60,\ 0.25) & (0.50,\ 0.30) \end{bmatrix}$$

原始统计结果

物流企业管理者1

$$\begin{bmatrix} 1 & 5 \\ 1/5 & 1 \end{bmatrix}$$

一致化为直觉模糊矩阵

物流企业管理者1

$$\begin{bmatrix} (0.50,\ 0.30) & (0.90,\ 0.10) \\ (0.10,\ 0.90) & (0.50,\ 0.30) \end{bmatrix}$$

物流企业管理者2

$$\begin{bmatrix} 1 & 3 \\ 1/3 & 1 \end{bmatrix}$$

物流企业管理者2

$$\begin{bmatrix} (0.50,\ 0.30) & (0.70,\ 0.20) \\ (0.30,\ 0.60) & (0.50,\ 0.30) \end{bmatrix}$$

物流企业客户1

$$\begin{bmatrix} S_m & S_h \\ S_l & S_m \end{bmatrix}$$

物流企业客户1

$$\begin{bmatrix} (0.50,\ 0.30) & (0.70,\ 0.20) \\ (0.30,\ 0.60) & (0.50,\ 0.30) \end{bmatrix}$$

物流企业客户2

$$\begin{bmatrix} S_m & S_m \\ S_m & S_m \end{bmatrix}$$

物流企业客户2

$$\begin{bmatrix} (0.50,\ 0.30) & (0.50,\ 0.30) \\ (0.50,\ 0.50) & (0.50,\ 0.30) \end{bmatrix}$$

（6）智慧物流教育资源共享、物流智慧化发展经验交流。

高校物流研究学者1	高校物流研究学者2
$\begin{bmatrix} (0.50,\ 0.30) & (0.60,\ 0.25) \\ (0.40,\ 0.45) & (0.50,\ 0.30) \end{bmatrix}$	$\begin{bmatrix} (0.50,\ 0.30) & (0.40,\ 0.45) \\ (0.60,\ 0.25) & (0.50,\ 0.30) \end{bmatrix}$
原始统计结果	一致化为直觉模糊矩阵
物流企业管理者1 $\begin{bmatrix} 1 & 1/4 \\ 4 & 1 \end{bmatrix}$	物流企业管理者1 $\begin{bmatrix} (0.50,\ 0.30) & (0.20,\ 0.75) \\ (0.80,\ 0.15) & (0.50,\ 0.30) \end{bmatrix}$
物流企业管理者2 $\begin{bmatrix} 1 & 4 \\ 1/4 & 1 \end{bmatrix}$	物流企业管理者2 $\begin{bmatrix} (0.50,\ 0.30) & (0.80,\ 0.15) \\ (0.20,\ 0.75) & (0.50,\ 0.30) \end{bmatrix}$
物流企业客户1 $\begin{bmatrix} S_m & S_m \\ S_m & S_m \end{bmatrix}$	物流企业客户1 $\begin{bmatrix} (0.50,\ 0.30) & (0.50,\ 0.30) \\ (0.50,\ 0.30) & (0.50,\ 0.30) \end{bmatrix}$
物流企业客户2 $\begin{bmatrix} S_m & S_h \\ S_l & S_m \end{bmatrix}$	物流企业客户2 $\begin{bmatrix} (0.50,\ 0.30) & (0.70,\ 0.20) \\ (0.30,\ 0.60) & (0.50,\ 0.30) \end{bmatrix}$

（7）个性化服务定制、服务咨询响应快速。

高校物流研究学者 1	高校物流研究学者 2
$\begin{bmatrix}(0.50,\ 0.30)&(0.40,\ 0.45)\\(0.60,\ 0.25)&(0.50,\ 0.30)\end{bmatrix}$	$\begin{bmatrix}(0.50,\ 0.30)&(0.40,\ 0.45)\\(0.60,\ 0.25)&(0.50,\ 0.30)\end{bmatrix}$
原始统计结果	一致化为直觉模糊矩阵
物流企业管理者 1	物流企业管理者 1
$\begin{bmatrix}1&4\\1/4&1\end{bmatrix}$	$\begin{bmatrix}(0.50,\ 0.30)&(0.80,\ 0.15)\\(0.20,\ 0.75)&(0.50,\ 0.30)\end{bmatrix}$
物流企业管理者 2	物流企业管理者 2
$\begin{bmatrix}1&1/2\\2&1\end{bmatrix}$	$\begin{bmatrix}(0.50,\ 0.30)&(0.40,\ 0.45)\\(0.60,\ 0.25)&(0.50,\ 0.30)\end{bmatrix}$
物流企业客户 1	物流企业客户 1
$\begin{bmatrix}S_m&S_m\\S_m&S_m\end{bmatrix}$	$\begin{bmatrix}(0.50,\ 0.30)&(0.50,\ 0.30)\\(0.50,\ 0.30)&(0.50,\ 0.30)\end{bmatrix}$
物流企业客户 2	物流企业客户 2
$\begin{bmatrix}S_m&S_{vh}\\S_{vl}&S_m\end{bmatrix}$	$\begin{bmatrix}(0.50,\ 0.30)&(0.80,\ 0.15)\\(0.20,\ 0.75)&(0.50,\ 0.30)\end{bmatrix}$

（8）物流信息全程实时可查、客户隐私保密及支付方式安全。

高校物流研究学者1	高校物流研究学者2
$\begin{bmatrix} (0.50,\ 0.30) & (0.40,\ 0.45) \\ (0.60,\ 0.25) & (0.50,\ 0.30) \end{bmatrix}$	$\begin{bmatrix} (0.50,\ 0.30) & (0.30,\ 0.60) \\ (0.70,\ 0.20) & (0.50,\ 0.30) \end{bmatrix}$
原始统计结果	一致化为直觉模糊矩阵
物流企业管理者1	物流企业管理者1
$\begin{bmatrix} 1 & 1/4 \\ 4 & 1 \end{bmatrix}$	$\begin{bmatrix} (0.50,\ 0.30) & (0.20,\ 0.75) \\ (0.80,\ 0.15) & (0.50,\ 0.30) \end{bmatrix}$
物流企业管理者2	物流企业管理者2
$\begin{bmatrix} 1 & 1/5 \\ 5 & 1 \end{bmatrix}$	$\begin{bmatrix} (0.50,\ 0.30) & (0.10,\ 0.90) \\ (0.90,\ 0.10) & (0.50,\ 0.30) \end{bmatrix}$
物流企业客户1	物流企业客户1
$\begin{bmatrix} S_m & S_l \\ S_h & S_m \end{bmatrix}$	$\begin{bmatrix} (0.50,\ 0.30) & (0.30,\ 0.60) \\ (0.70,\ 0.20) & (0.50,\ 0.30) \end{bmatrix}$
物流企业客户2	物流企业客户2
$\begin{bmatrix} S_m & S_{vl} \\ S_{vh} & S_m \end{bmatrix}$	$\begin{bmatrix} (0.50,\ 0.30) & (0.20,\ 0.75) \\ (0.80,\ 0.15) & (0.50,\ 0.30) \end{bmatrix}$

（9）服务售后渠道完善水平、需求预测服务水平。

高校物流研究学者 1	高校物流研究学者 2
$\begin{bmatrix} (0.50, 0.30) & (0.30, 0.60) \\ (0.70, 0.20) & (0.50, 0.30) \end{bmatrix}$	$\begin{bmatrix} (0.50, 0.30) & (0.70, 0.20) \\ (0.30, 0.60) & (0.50, 0.30) \end{bmatrix}$
原始统计结果	一致化为直觉模糊矩阵
物流企业管理者 1 $\begin{bmatrix} 1 & 4 \\ 1/4 & 1 \end{bmatrix}$	物流企业管理者 1 $\begin{bmatrix} (0.50, 0.30) & (0.80, 0.15) \\ (0.20, 0.75) & (0.50, 0.30) \end{bmatrix}$
物流企业管理者 2 $\begin{bmatrix} 1 & 3 \\ 1/3 & 1 \end{bmatrix}$	物流企业管理者 2 $\begin{bmatrix} (0.50, 0.30) & (0.70, 0.20) \\ (0.30, 0.60) & (0.50, 0.30) \end{bmatrix}$
物流企业客户 1 $\begin{bmatrix} S_m & S_m \\ S_m & S_m \end{bmatrix}$	物流企业客户 1 $\begin{bmatrix} (0.50, 0.30) & (0.50, 0.30) \\ (0.50, 0.30) & (0.50, 0.30) \end{bmatrix}$
物流企业客户 2 $\begin{bmatrix} S_m & S_{eh} \\ S_{el} & S_m \end{bmatrix}$	物流企业客户 2 $\begin{bmatrix} (0.50, 0.30) & (0.90, 0.10) \\ (0.10, 0.90) & (0.50, 0.30) \end{bmatrix}$

附录 3　11 家物流企业各项指标得分统计

序号	x_1	x_2	x_3	x_4	x_5	x_6	x_7	x_8	x_9	x_{10}	x_{11}
1	0.9333	0.8	1	1	0.2	0.2	0.8	1	0.8	0.6	0.8
2	0.8	0.7333	1	0.2	0.2	0.2	1	1	0.6	0.2	0.6
3	0.9333	0.7333	0.8	1	0.8	0.8	1	1	0.8	0.6	1
4	0.8	0.6	1	0.4	0.2	0.2	0.8	0.4	0.8	0.6	0.8
5	0.8	0.6667	0.4	0.8	0.2	0.2	0.2	0.6	0.6	0.2	0.2
6	0.8	0.8	0.8	0.8	0.6	0.8	0.8	0.8	0.8	0.8	0.8
7	0.6667	0.5333	0.4	1	0.2	0.2	1	0.8	0.6667	0.2	0.8
8	0.9333	0.6	1	1	0.8	0.2	1	0.8	0.8	0.2	0.8
9	0.7333	0.6667	1	1	1	0.2	1	0.9	0.8	0.2	0.6
10	0.9333	0.8	1	1	1	0.2	1	1	1	0.6	1
11	0.8	0.7333	0.8	1	0.8	1	0.6	0.8	0.7333	0.4	0.7

续表

序号	x_{12}	x_{13}	x_{14}	x_{15}	x_{16}	x_{17}	x_{18}	x_{19}	x_{20}	x_{21}
1	0.8	0.6	0.6	0.8	1	1	0.8	0.8	1	0.7
2	0.6	0.4	0.2	0.2	0.2	0.7	0.8	0.8	0.6	0.7
3	1	0.8	0.6	0.6	1	1	0.8	1	0.8	0.9
4	0.4	0.6	0.6	0.2	1	1	0.4	0.8	1	1
5	0.2	0.4	0.2	0.2	0.4	0.7	0.4	1	0.5	0.4
6	0.6	0.7	0.6	0.8	1	0.8	0.8	0.8	0.8	0.8
7	0.8	0.4	0.4	0.2	0.2	0.8	0.8	0.8	0.7	0.7
8	0.6	0.3	0.4	0.8	0.6	0.8	0.8	0.8	0.7	0.7
9	0.4	0.2	0.4	0.2	0.8	0.8	0.8	0.6	0.7	0.2
10	1	1	0.6	1	0.6	1	0.8	1	0.6	0.6
11	0.6	0.4	0.4	0.2	0.4	0.6	0.8	0.8	0.6	0.7

注：指标分值大小范围为 [0，1]。

附录 4 应急智慧供应链质量影响因素调查信息

第一部分 问卷部分

1. 您认为当前信息技术支撑能力对应急智慧供应链质量的影响如何？

信息技术支撑能力影响因素		非常不重要 （1分）	比较不重要 （2分）	一般 （3分）	比较重要 （4分）	非常重要 （5分）
系统建设	（1）信息平台专业性					
数据处理	（1）数据采集能力					
	（2）数据分析能力					
信息共享	（1）信息及时性					
	（2）信息保密性					
	（3）信息有效性					

2. 您认为当前应急准备响应能力对应急智慧供应链质量的影响如何?

应急准备响应能力影响因素		非常不重要（1分）	比较不重要（2分）	一般（3分）	比较重要（4分）	非常重要（5分）
应急预案	(1)应急预案完善性					
	(2)应急预案可行性					
应急队伍	(1)监测预警能力					
	(2)应急反应速度					
	(3)应急培训演练					

3. 您认为当前物资筹措征集能力对应急智慧供应链质量的影响如何?

物资筹措征集能力影响因素		非常不重要（1分）	比较不重要（2分）	一般（3分）	比较重要（4分）	非常重要（5分）
物资供应	(1)物资需求统计能力					
	(2)物资供应渠道多样性					

续表

物资筹措征集能力影响因素		非常不重要（1分）	比较不重要（2分）	一般（3分）	比较重要（4分）	非常重要（5分）
物资供应	（3）物资来源追溯能力					
	（4）物资功能质量与安全的优良程度					
物资仓储	（1）应急仓储容量					
	（2）物资储备保管能力					
	（3）仓库存吐效率					

4. 您认为当前物流运输配送能力对应急智慧供应链质量的影响如何？

物流运输配送能力影响因素		非常不重要（1分）	比较不重要（2分）	一般（3分）	比较重要（4分）	非常重要（5分）
物资损耗	（1）物资数量损失率和质量损耗率					

续表

物流运输配送能力影响因素		非常不重要（1分）	比较不重要（2分）	一般（3分）	比较重要（4分）	非常重要（5分）
运输时效	（1）运输装备和运输人员充足程度					
	（2）交通网络管理能力					
	（3）物资及时到位情况					

5. 您认为当前组织管理指挥能力对应急智慧供应链质量的影响如何？

组织管理指挥能力影响因素		非常不重要（1分）	比较不重要（2分）	一般（3分）	比较重要（4分）	非常重要（5分）
宏观把控	（1）当地政府管治能力					
	（2）监管制度的有效性					
组织协调	（1）应急组织结构的合理程度					
	（2）组织协调合作能力					

6. 您认为当前人道救助服务能力对应急智慧供应链质量的影响如何？

人道救助服务能力影响因素		非常不重要（1分）	比较不重要（2分）	一般（3分）	比较重要（4分）	非常重要（5分）
志愿服务	（1）员工专业素养水平与服务能力					
	（2）人文关怀措施					
精准救助	（1）现场及后期应急处置能力					

7. 您认为当前应急智慧供应链质量哪方面是最重要的？

应急智慧供应链质量		非常不重要（1分）	比较不重要（2分）	一般（3分）	比较重要（4分）	非常重要（5分）
协同节点	（1）协同质量保障					
供应节点	（2）供应质量保障					

续表

应急智慧供应链质量		非常不重要 （1分）	比较不重要 （2分）	一般 （3分）	比较重要 （4分）	非常重要 （5分）
仓储节点	(3) 仓储质量保障					
运输节点	(4) 运输质量保障					
需求节点	(5) 需求质量保障					

第二部分　基本资料

1. 您的年龄【　】。

A. 30 岁及以下　　B. 31~40 岁　　C. 41~50 岁　　D. 50 岁以上

2. 您的学历【　】。

A. 本科　　B. 硕士及以上　　C. 其他

3. 您的职业【　】。

A. 供应链研究学者　　B. 供应链行业专家　　C. 应急管理部门或机构工作者

D. 供应链相关企业　　E. 医疗救援机构　　F. 学生

G. 其他

参 考 文 献

中文部分

[1] 阿尔伯特·梅耶尔，曼努埃尔·佩德罗，谢嘉婷，等. 治理智慧城市：智慧城市治理的文献回顾 [J]. 治理研究，2020，36（02）：90-99.

[2] 安聪琢，王玖河. 突发性公共卫生事件下横纵结合应急物资配送模式 [J]. 科学技术与工程，2021，21（23）：10029-10036.

[3] 鲍琳，张贵炜. 基于扎根理论的智慧物流体系构建 [J]. 企业经济，2018（04）：140-144.

[4] 鲍学英，文圆圆，胡所亭，等. 铁路桥隧工程技术接口质量影响因素研究 [J]. 重庆交通大学学报（自然科学版），2022，41（12）：85-93.

[5] 卜凡，彭宗超. 基于应急管理情境的临时性组织研究：核心要素与概念比较 [J]. 中国行政管理，2023，39（08）：109-119.

[6] 曹广文. 突发公共卫生事件应急反应基础建设及其应急

管理［J］. 公共管理学报，2004（02）：68 – 73，96.

［7］陈慧. 我国应急物流体系存在的主要问题与优化建议［J］. 中国流通经济，2014，28（08）：5.

［8］陈洁梅，林曾. 数字基础设施建设对农业产业链供应链现代化的影响［J］. 中国流通经济，2023，37（11）：47 – 60.

［9］陈雪龙，张钟，李悦. 临机决策视角下的非常规突发事件应急处置方案生成［J］. 中国管理科学，2024，32（10）：109 – 122.

［10］陈正杨. 社会救援资源应急供应链的协同管理［J］. 北京理工大学学报（社会科学版），2013，15（03）：95 – 99.

［11］程玉玲. 基于贝叶斯网络的不同类型景区旅游者幸福感影响因素研究［D］. 南昌：东华理工大学，2022.

［12］崔巍. 陆军 A 部队应急物流仓储中心布局优化研究［D］. 济南：济南大学，2019.

［13］代海军. 新时代应急管理法治化的生成逻辑、内涵要义与实践展开［J］. 中共中央党校（国家行政学院）学报，2023，27（04）：139 – 149.

［14］董海，高秀秀，魏铭琦. 不确定环境下两阶段应急供应链网络建模与优化求解［J］. 中国管理科学，2023，31（12）：107 – 116.

［15］范贝贝，李瑾，冯献，等. 农产品智慧供应链体系高质量发展研究［J］. 中国工程科学，2023，25（04）：92 – 100.

[16] 范春. 区域性智慧物流信息化的规划与设计 [J]. 电子政务，2012 (07)：96-105.

[17] 范建昌，万娜娜，李余辉，等. 不同权力结构下基于产品责任的供应链质量激励策略 [J]. 系统管理学报，2023，32 (03)：438-462.

[18] 范维澄. 国家突发公共事件应急管理中科学问题的思考和建议 [J]. 中国科学基金，2007 (02)：71-76.

[19] 范忠宝，王小燕，阮坚. 区块链技术的发展趋势和战略应用——基于文献视角与实践层面的研究 [J]. 管理世界，2018，34 (12)：177-178.

[20] 方静，陈建校. 我国应急物流现状及系统优化 [J]. 铁道运输与经济，2008 (08)：75-78.

[21] 冯春，于彧洋. 军民融合式应急物流体系运行机制及模式研究 [J]. 交通运输工程与信息学报，2014，12 (04)：8-14.

[22] 符瑜. 我国智慧物流的发展趋势与提升策略 [J]. 对外经贸实务，2018 (01)：90-92.

[23] 付学谦，陈皓勇. 基于加权秩和比法的电能质量综合评估 [J]. 电力自动化设备，2015，35 (01)：128-132.

[24] 高东椰，刘新华. 浅论应急物流 [J]. 中国物流与采购，2003 (23)：22-23.

[25] 高红云，王超，哈明虎. 直觉模糊层次分析法 [J]. 河北工程大学学报（自然科学版），2011，28 (04)：101-105.

［26］龚卫锋.应急供应链管理研究［J］.中国流通经济，2014，28（04）：50-55.

［27］顾婧，任珮嘉，徐泽水.基于直觉模糊层次分析的创业投资引导基金绩效评价方法研究［J］.中国管理科学，2015，23（09）：124-131.

［28］郭朝先，胡雨朦.中外云计算产业发展形势与比较［J］.经济与管理，2019，33（02）：86-92.

［29］郭红丽.客户体验维度识别的实证研究——以电信行业为例［J］.管理科学，2006（01）：59-65.

［30］郭凯.突发公共事件跨部门协同治理效能的影响因素及提升路径［D］.南宁：广西大学，2022.

［31］韩梦圆，冯良清，占迎，等.双约束下智慧供应链精准化质量需求资源配置模型［J］.工业工程与管理，2022，27（05）：28-35.

［32］郝书池.发展智慧物流的动因与对策研究［J］.物流科技，2017，40（01）：28-31.

［33］何黎明.中国智慧物流发展趋势［J］.中国流通经济，2017，31（06）：3-7.

［34］贺金霞.基于关系管理的供应链协同关键要素识别与分析［J］.商业经济研究，2019（24）：32-35.

［35］贺玉龙，刘磊，迟佳欣.高速公路车辆换道行为风险研究［J］.重庆交通大学学报（自然科学版），2021，40（04）：

26 – 33.

[36] 洪流，赵晓波，汪寿阳，等．供应链韧性与安全中的关键科学问题 [J]．中国科学基金，2023，37（03）：418 – 428.

[37] 洪群联，李子文，刘振中，等．推动构建现代供应链的若干思考（笔谈）[J]．宏观经济研究，2019（07）：107 – 126.

[38] 胡少龙，韩传峰，孟令鹏，等．考虑企业生产能力储备的应急物资配置随机规划模型 [J]．系统工程理论与实践，2018，38（06）：1536 – 1544.

[39] 胡晓静，钱慧敏，曲洪建．物流企业"智慧 + 共享"模式研究 [J]．东华大学学报（自然科学版），2020，46（01）：156 – 162.

[40] 胡重明．从"有准备的社区"到"有准备的城市"——对杭州市上城区公共安全治理经验的考察 [J]．中共杭州市委党校学报，2015（05）：61 – 67.

[41] 黄国平，雷皓翔．基于云 – TOPSIS 法的应急物流供应商综合评价 [J]．中国安全科学学报，2024，34（02）：217 – 224.

[42] 黄晓野，高一兰，纪玉山．基于商业生态系统理论的我国智慧物流发展对策 [J]．商业经济研究，2018（17）：96 – 98.

[43] 黄永福．我国物流业高质量发展问题研究——基于粤港澳大湾区物流业发展的分析 [J]．价格理论与实践，2020（04）：168 – 171.

[44] 霍翠芳，唐子超，薛晨．高校突发事件应急预案：生

成逻辑、问题审思与优化路径［J］.中国应急管理科学，2023（02）：59－71.

［45］霍丽君.农产品流通供应链创新模式构建及实现路径——基于智慧零售背景［J］.商业经济研究，2021（24）：154－157.

［46］霍玉蓉.区块链与应急物流系统的契合度分析［J］.现代经济信息，2019（11）：162.

［47］戢晓峰，杨春丽，郝京京，等.国内外应急物流研究热点对比与展望［J］.中国安全科学学报，2021，31（12）：144－152.

［48］纪红任，谢凤宽，张文俊，等.基于二维条码技术的应急物资标识及其应急物流模式研究［J］.物流技术，2010，29（19）：4－6.

［49］姜长云，姜惠宸.新冠肺炎疫情防控对国家应急管理体系和能力的检视［J］.管理世界，2020，36（08）：8－19，31.

［50］姜大立，张巍，王清华.智慧物流关键技术及建设对策研究［J］.包装工程，2018，39（23）：9－14.

［51］姜方桃，张桂萍."互联网＋应急物流"模式研究［J］.金陵科技学院学报（社会科学版），2018，32（03）：10－13，92.

［52］姜旭，赵凯，汤韵晴.突发事件下基于四方演化博弈的城市应急供应链协同机制研究［J］.管理评论，2024，36（02）：246－256.

［53］姜玉宏，刘小博.军民融合应急物流配送模式研究

[J]．物流技术，2017，36（07）：164－167.

[54] 蒋志光，张立鑫．基于云计算和物联网的智慧物流发展模式研究［J］．中小企业管理与科技（中旬刊），2016（07）：124－125.

[55] 况漠，况达．中国智慧物流产业发展创新路径分析［J］．甘肃社会科学，2019（06）：151－158.

[56] 李创．国内外应急物流研究综述［J］．华东经济管理，2013，27（06）：160－165.

[57] 李德仁，姚远，邵振峰．智慧地球时代测绘地理信息学的新使命［J］．测绘科学，2012，37（06）：5－8.

[58] 李登峰．直觉模糊集决策与对策分析方法［M］．北京：国防工业出版社，2012.

[59] 李湖生．应急预案体系建设的理论基础研究探讨及其启示［J］．中国应急管理，2012（05）：20－24.

[60] 李佳．基于大数据云计算的智慧物流模式重构［J］．中国流通经济，2019，33（02）：20－29.

[61] 李佳，靳向宇．智慧物流在我国对外贸易中的应用模式构建与展望［J］．中国流通经济，2019，33（08）：11－21.

[62] 李健，宋昱光，张文．区块链在突发事件应急管理中的应用研究［J］．经济与管理评论，2020，36（04）：5－16.

[63] 李宁．新型冠状病毒肺炎疫情应急供应链协同管理研究［J］．卫生经济研究，2020，37（04）：7－9.

[64] 李胜，高静．突发事件协同治理能力的影响因素及政策意蕴——基于扎根理论的多案例研究 [J]．上海行政学院学报，2020，21（06）：39－52.

[65] 李随成，陈敬东，赵海刚．定性决策指标体系评价研究 [J]．系统工程理论与实践，2001（09）：22－28.

[66] 李婷婷，常健．社区突发公共事件中的应急志愿服务：组织与管理模式 [J]．学习论坛，2023（02）：90－97.

[67] 李旭东，王耀球，王芳．突发公共卫生事件下基于区块链应用的应急物流完善研究 [J]．当代经济管理，2020，42（04）：57－63.

[68] 李姚娜，胡志华．城市综合防灾智慧应急供应链构建研究——以河南省洪涝灾害为例 [J]．物流研究，2021（03）：27－35.

[69] 李永芃，张明．区块链赋能智慧物流生态体系升级研究 [J]．企业经济，2021，40（12）：144－151.

[70] 李玉凤，邢淋淋．智慧供应链绩效评价指标体系构建 [J]．统计与决策，2017（03）：183－185.

[71] 李梓，郑芳，容铎，等．国美智慧供应链的构建及运行 [J]．财务与会计，2021（09）：20－23.

[72] 林秀清，杨现民，李怡斐．中小学教师数据素养评价指标体系构建 [J]．中国远程教育，2020（02）：49－56，75，77.

[73] 刘立波，沈玉志．管理创新能力对组织绩效影响的实

证研究 [J]. 华东经济管理, 2015, 29 (06): 163-169.

[74] 刘明, 曹杰, 章定. 数据驱动的疫情应急物流网络动态调整优化 [J]. 系统工程理论与实践, 2020, 40 (02): 437-448.

[75] 刘伟华, 侯家和, 袁超伦, 等. 基于改进的信号灯预警模型的城市智慧供应链发展动态预测研究 [J]. 工业技术经济, 2021, 40 (02): 56-64.

[76] 刘伟华, 王思宇, 贺登才. 面向国际产能合作的智慧供应链绩效影响因素——基于多案例的比较 [J]. 中国流通经济, 2020, 34 (09): 3-20.

[77] 刘伟华, 吴文飞, 袁超伦, 等. 城市智慧供应链发展指数构建及其应用 [J]. 工业技术经济, 2021, 40 (01): 134-143.

[78] 刘伟华, 曾勇明, 乔显苓. 智慧供应链质量标准体系探究 [J]. 供应链管理, 2022, 3 (09): 5-19.

[79] 刘严萍, 侯光辉, 佘海燕. 特别重大突发事件应急管理效能影响因素研究 [J]. 灾害学, 2024, 39 (01): 135-139, 145.

[80] 刘志学, 付国庆, 许泽勇. 物流管理与供应链管理的比较 [J]. 计算机集成制造系统, 2004 (S1): 126-130.

[81] 柳林, 李德仁, 李万武, 等. 从地球空间信息学的角度对智慧地球的若干思考 [J]. 武汉大学学报 (信息科学版), 2012, 37 (10): 1248-1251.

[82] 卢建锋, 牟瑞芳, 赵佳虹, 等. 危化品事故连续消耗型应急物资调度模型 [J]. 工业工程, 2020, 23 (05): 103-

108，117.

[83] 吕波，凡新凯，韩健."智慧物流"与企业相融合的新型运营模式研究 [J]. 商业经济研究，2020 (09)：108-111.

[84] 罗伯特·希斯. 危机管理 [M]. 王成，宋炳辉，金瑛，译. 北京：中信出版社，2001.

[85] 罗永红，林楠. 基于供应链视角的智慧物流商业模式发展研究 [J]. 商业经济研究，2019 (21)：82-85.

[86] 骆宏. 供应链系统下的企业物流管理研究 [J]. 对外经贸，2012 (05)：108-110.

[87] 马述忠，梁绮慧，张洪胜. 消费者跨境物流信息偏好及其影响因素研究——基于1372家跨境电商企业出口运单数据的统计分析 [J]. 管理世界，2020，36 (06)：49-64，244.

[88] 马彦华，路红艳. 智慧供应链推进供给侧结构性改革——以京东商城为例 [J]. 企业经济，2018，37 (06)：188-192.

[89] 闵志慧，孔丽媛. 零售企业供应链效益与区块链技术相关性的实证分析——考虑信息共享的中介效应 [J]. 商业经济研究，2023 (23)：168-171.

[90] 牟宗玉，杨晓霞，李珂，等. 智慧平台供应链的在线扶贫模式和融资策略研究 [J]. 中国管理科学，2024，32 (08)：170-181.

[91] 欧忠文，王会云，姜大立，等. 应急物流 [J]. 重庆

大学学报（自然科学版），2004（03）：164－167.

［92］潘郁，余佳，达庆利．基于粒子群算法的连续性消耗应急资源调度［J］．系统工程学报，2007（05）：556－560.

［93］潘卓，郑杨．区块链在智慧物流发展中的运用研究［J］．价格月刊，2019（05）：61－66.

［94］彭树霞，李波，甄紫嫣．智慧供应链发展指数的构建及评价研究［J］．工业技术经济，2021，40（11）：44－52.

［95］彭幸．突发公共卫生事件中人道物流的应急法律机制［J］．中国流通经济，2020，34（03）：35－42.

［96］彭玉凤．基层医疗卫生机构全科医生突发公共卫生事件应急能力现状及影响因素分析——以南宁市为例［J］．现代预防医学，2023，50（22）：4124－4129.

［97］戚建刚，张景玥．论我国高校突发事件应急预案体系之优化［J］．湖北警官学院学报，2016，29（01）：5－13.

［98］祁超，王红卫．面向高层指挥人员的应急演练仿真平台设计［J］．系统工程理论与实践，2015，35（07）：1871－1877.

［99］钱存华，陈海滨，周骏贵．灾害背景下提升应急供应链韧性影响因素研究［J］．安全与环境学报，2023，23（05）：1474－1481.

［100］钱慧敏，董泽，曲洪建．智慧物流服务质量对顾客忠诚度的影响［J］．价格月刊，2019（02）：70－79.

［101］钱慧敏，何江，关娇．物流企业"智慧＋共享"模式

的理论模型及机制分析［J］．产经评论，2020，11（03）：64-77．

［102］钱慧敏，何江，关娇．"智慧＋共享"物流耦合效应评价［J］．中国流通经济，2019，33（11）：3-16．

［103］渠慎宁，杨丹辉．突发公共卫生事件的智能化应对：理论追溯与趋向研判［J］．改革，2020（03）：14-21．

［104］权印．基于RFID的物流信息安全保障系统研究［J］．现代电子技术，2020，43（19）：58-61．

［105］任永珍．基于物联网技术的饲料企业供应链信息服务平台构建［J］．饲料研究，2022，45（06）：131-134．

［106］荣长玲．智慧物流与共享物流的耦合机制与实现路径［J］．商业经济研究，2019（06）：98-101．

［107］阮雪琴，淳于中博．社区志愿者应急救援服务体系研究［J］．北方经贸，2009（12）：121-122．

［108］邵广利．基于物联网技术的智慧物流发展模式研究［J］．物流工程与管理，2015，37（11）：111-114．

［109］史丹青．突发公共卫生事件下应急智慧供应链管理研究［J］．招标采购管理，2021（06）：39-42．

［110］市场监管总局，国家发展改革委，科技部，等．关于质量基础设施助力产业链供应链质量联动提升的指导意见［EB/OL］．（2024-01-21）［2025-03-28］．https：//www.gov.cn/zhengce/zhengceku/202401/content_6926534.htm．

［111］宋华，杨雨东．现代ICT赋能的智慧供应链金融创新

与发展 [J]. 中国流通经济, 2019, 33 (12): 34-41.

[112] 苏秦, 张文博. 供应链质量信息共享与区块链授权策略 [J]. 中国管理科学, 2024, 32 (03): 324-334.

[113] 孙海雯, 魏娟. 生鲜农产品供应链风险影响因素识别与评估——基于 ISM 模型 [J]. 商业经济研究, 2023 (22): 45-48.

[114] 孙磊, 张树山. 智慧化升级的驱动因素及其对物流企业绩效的影响 [J]. 中国流通经济, 2020, 34 (02): 15-26.

[115] 孙学军, 王灵晨, 孟媛. 需求推动的应急物资供应链效率评价研究 [J]. 安全与环境学报, 2023, 23 (10): 3682-3688.

[116] 孙翊, 吴静, 刘昌新, 等. 加快推进我国应急物资储备治理体系现代化建设 [J]. 中国科学院院刊, 2020, 35 (06): 724-731.

[117] 田凤调. RSR 法中的分档问题 [J]. 中国卫生统计, 1993 (02): 26-28.

[118] 王必好, 张郁. 基于贝叶斯网络的技术进步预测与路径优化选择 [J]. 科学学研究, 2019, 37 (08): 1364-1374.

[119] 王高玲, 别如娥. 社会管理视角下突发公共卫生事件中政府职能的探析 [J]. 中国行政管理, 2011 (11): 20-23.

[120] 王海军, 杜丽敬, 马士华. 震后应急物流系统中双目标开放式选址: 路径问题模型与算法研究 [J]. 管理工程学报, 2016, 30 (02): 108-115.

[121] 王可，周亚拿. 信息化建设、供应链信息分享与企业绩效——基于中国制造业企业的实证研究 [J]. 中国管理科学，2019，27（10）：34 –43.

[122] 王立，撒占友，陆卫东，等. 企业应急物资储备完善度评价 [J]. 科学技术与工程，2019，19（32）：404 –410.

[123] 王苋，梁晓峰. 专业学会在应对突发公共卫生事件中的作用——以新型冠状病毒肺炎疫情应对为例 [J]. 行政管理改革，2020（03）：17 –22.

[124] 王术峰. "第五方物流" 理论在应急物流领域的应用——基于供应链管理思想的军地物流一体化探讨 [J]. 中国流通经济，2014，28（02）：41 –45.

[125] 王帅，林坦. 智慧物流发展的动因、架构和建议 [J]. 中国流通经济，2019，33（01）：35 –42.

[126] 王宪春. 基于ESB的应急供应链系统集成技术研究 [D]. 上海：复旦大学，2009.

[127] 王欣悦. 我国智慧物流发展问题及对策研究 [J]. 铁道运输与经济，2017，39（04）：37 –41.

[128] 王毅，陈启鑫，张宁，等.5G通信与泛在电力物联网的融合：应用分析与研究展望 [J]. 电网技术，2019，43（05）：1575 –1585.

[129] 王英辉，王肖红，张庆红. 重大公共卫生事件下应急物资动态需求预测分析 [J]. 情报杂志，2022，41（06）：135 –

141.

[130] 王永明，郑姗姗. 地方政府应急管理效能提升的多重困境与优化路径——基于"河南郑州'7·20'特大暴雨灾害"的案例分析 [J]. 管理世界，2023，39（03）：83-96.

[131] 王宇鹏. 区块链视角下关于生鲜电商服务提质的思考 [J]. 商业经济研究，2020（14）：92-95.

[132] 王之泰. 城镇化需要"智慧物流" [J]. 中国流通经济，2014，28（03）：4-8.

[133] 韦映梅. 共享经济时代智慧物流产业发展研究 [J]. 技术经济与管理研究，2020（02）：108-112.

[134] 魏际刚. 中国物流业发展的现状、问题与趋势 [J]. 中国经济报告，2019（01）：55-61.

[135] 吴扬. 融合幼儿班集体教学活动评价指标体系构建——基于德尔菲法的调查研究 [J]. 中国特殊教育，2018（10）：18-25.

[136] 伍宁杰."互联网＋"背景下我国智慧物流转型路径探讨 [J]. 商业经济研究，2018（12）：116-119.

[137] 习近平. 全面提高依法防控依法治理能力健全国家公共卫生应急管理体系 [J]. 实践（党的教育版），2020（03）：4-6.

[138] 项寅. 社会环境视角下应急物资政企联合配置模型 [J]. 运筹与管理，2023，32（10）：69-75.

[139] 肖艳, 赵启兰, 兰洪杰. 供应链管理环境下的物流管理 [J]. 现代物流, 2001 (05): 14-16.

[140] 谢韫颖, 钱慧敏, 杨代君, 等. 共享物流发展水平评价体系构建研究 [J]. 电子商务, 2020 (01): 11-12, 37.

[141] 熊先兰, 王思懿, 黄颖. 突发事件应急信息共享平台构建与运行——基于弱势群体权益保护的目标 [J]. 河北经贸大学学报, 2023, 44 (06): 99-108.

[142] 徐德安, 曹志强. 大数据分析能力、供应链协同对零售企业绩效的影响 [J]. 商业经济研究, 2022 (01): 38-41.

[143] 徐辉. 人工智能与重大突发公共卫生事件智治耦合模型 [J]. 科学管理研究, 2023, 41 (06): 90-97.

[144] 徐绪堪, 华士祯. "互联网+政务服务" 背景下的政务 APP 评价——基于直觉模糊层次分析法 [J]. 情报杂志, 2020, 39 (03): 198-207.

[145] 许庆瑞, 吴志岩, 陈力田. 智慧城市的愿景与架构 [J]. 管理工程学报, 2012, 26 (04): 1-7.

[146] 许晔, 郭铁成. IBM "智慧地球" 战略的实施及对我国的影响 [J]. 中国科技论坛, 2014 (03): 148-153.

[147] 许振宇, 任世科, 郭雪松, 等. 不确定条件下应急供应链可靠性评价模型 [J]. 运筹与管理, 2015, 24 (03): 35-44.

[148] 严玲. 基于主题模型与贝叶斯网络的道路交通事故致因研究 [D]. 兰州: 兰州大学, 2023.

[149] 杨代君，钱慧敏. 物流企业智慧化程度对企业绩效的影响 [J]. 科技与管理，2019，21 (02)：10 - 19.

[150] 杨德明，刘泳文. "互联网＋"为什么加出了业绩 [J]. 中国工业经济，2018 (05)：80 - 98.

[151] 杨海龙，邓琪. 如何快速建立震后应急物流体系——对5·12汶川大地震的深度思考 [J]. 商品储运与养护，2008 (05)：17 - 19.

[152] 杨剑锋，孙金哲，尚文芳. 考虑行业标准的制造供应链质量决策研究 [J]. 管理现代化，2022，42 (01)：87 - 93.

[153] 杨鹏飞，彭安，沈凌云，等. 基于预测、库存、运输的智慧供应链研究 [J]. 物流科技，2017，40 (06)：129 - 135.

[154] 杨强，李延来. 基于直觉模糊集的质量屋顾客需求优先度及灵敏度分析 [J]. 计算机集成制造系统，2018，24 (04)：978 - 986.

[155] 杨雯雯. 浅析区块链助力智慧供应链采购管理 [J]. 铁路采购与物流，2022，17 (01)：48 - 50.

[156] 叶先宝，苏瑛荃，黄璟. 高校应急管理教育体系构建研究——基于西方发达国家的经验分析 [J]. 发展研究，2020 (09)：79 - 87.

[157] 余娟. 我国智慧物流发展趋势、存在问题和对策研究 [J]. 价格月刊，2019 (02)：65 - 69.

[158] 喻尊平. 美国灾害应急管理体系及社区志愿者队伍建

设的启示 [J]. 中国减灾，2013（07）：55-58.

[159] 张诚一，周厚勇. Vague 集的模糊逼近与模糊熵 [J].
计算机工程与应用，2006（33）：20-21.

[160] 张东霞，苗新，刘丽平，等. 智能电网大数据技术发
展研究 [J]. 中国电机工程学报，2015，35（01）：2-12.

[161] 张国伍. 大数据与智慧物流——"交通7+1论坛"
第三十七次会议纪实 [J]. 交通运输系统工程与信息，2015，15
（01）：2-10，233.

[162] 张海波. 新时代国家应急管理体制机制的创新发展
[J]. 人民论坛·学术前沿，2019（05）：6-15.

[163] 张浩，周婷婷，王东. 供应链质量整合对流通业创新
绩效的影响效应分析 [J]. 商业经济研究，2023（06）：26-29.

[164] 张华，顾新. 供应链数字化与制造企业竞争优势的关
系研究——供应链弹性的中介效应 [J]. 中国管理科学，2023：
1-17.

[165] 张晶. 突发性公共卫生事件下城市应急物流的协同运
作机制 [J]. 物流技术，2020，39（05）：12-16.

[166] 张娟. 新零售时代智慧物流生态体系的建设与转型
[J]. 商业经济研究，2021（24）：126-129.

[167] 张鹏，周恩毅. 农产品冷链物流供应链质量评价体系
构建及实证 [J]. 统计与决策，2022，38（11）：179-182.

[168] 张森，叶剑，李国刚. 面向冷链物流的区块链技术方

案研究与实现 [J]．计算机工程与应用，2020，56（03）：19－27．

[169] 张世政．结构困境到要素演进：应急物资保障体系的路径转向 [J]．西北民族大学学报（哲学社会科学版），2022（04）：113－122．

[170] 张树山，谷城，张佩雯，等．智慧物流赋能供应链韧性提升：理论与经验证据 [J]．中国软科学，2023（11）：54－65．

[171] 张彤．大数据背景下智慧物流业务体系构建与运营 [J]．商业经济研究，2019（21）：86－89．

[172] 张毅．基于 AHP－TOPSIS 法的应急物资保障关键环节识别研究 [J]．商业经济研究，2022（18）：107－111．

[173] 张之沧，间国年．"智慧地球" 概念解析 [J]．自然辩证法研究，2015，31（11）：117－122．

[174] 赵建有，韩万里，郑文捷，等．重大突发公共卫生事件下城市应急医疗物资配送 [J]．交通运输工程学报，2020，20（03）：168－177．

[175] 赵秋红．重特大突发事件分形应急物流管理体系建设及其保障机制 [J]．江淮论坛，2020（04）：13－20，27．

[176] 赵一归．应急管理的若干理论视角及启示 [J]．中国应急管理，2021（08）：38－39．

[177] 赵振智，王芳．智慧供应链成本控制屋多级规划顶层设计研究——以油气矿区为例 [J]．中国软科学，2014（08）：

184 – 192.

[178] 郑昊，高岩．多资源消耗应急系统调度模型及算法 [J].上海理工大学学报，2013，35（05）：415 – 419.

[179] 郑宏源．试论高校应急预案体系建设的现实困境与解决路径 [J].云南大学学报（社会科学版），2023，22（06）：122 – 129.

[180] 郑其明，窦亚芹，郑明轩．"新零售"背景下智慧物流治理策略探讨 [J].铁道运输与经济，2020，42（04）：12 – 17.

[181] 郑秋丽．我国智慧物流发展模式、问题及对策 [J].商业经济研究，2019（18）：108 – 111.

[182] 智慧城市发展研究课题组．"十三五"我国智慧城市"转型创新"发展的路径研究 [J].电子政务，2016（03）：2 – 11.

[183] 中华人民共和国国家发展和改革委员会．关于推动物流高质量发展促进形成强大国内市场的意见 [EB/OL].（2019 – 03 – 01）[2025 – 03 – 28].http：//www.gov.cn/zhengce/zhengceku/2019 – 09/29/content_5434995.htm.

[184] 中华人民共和国国家发展和改革委员会．"互联网 +"高效物流实施意见 [EB/OL].（2016 – 07 – 29）[2025 – 03 – 28].http：//www.gov.cn/gongbao/content/2017/content_5191704.htm.

[185] 中华人民共和国国务院．物流业发展中长期规划（2014—2020 年）[EB/OL].（2014 – 10 – 04）[2025 – 03 – 28].

https：//www. gov. cn/zhengce/content/2014 – 10/04/content_9120. htm.

［186］中华人民共和国交通运输部. 交通运输智慧物流标准体系建设指南［EB/OL］.（2022 –09 –19）［2025 –03 –28］. https：//xxgk. mot. gov. cn/2020/jigou/kjs/202210/t20221024_3699366. html.

［187］中华人民共和国国务院办公厅. 关于印发"十四五"现代物流发展规划的通知［EB/OL］.（2022 –05 –17）［2025 –03 –28］. https：//www. gov. cn/xinwen/2022 – 12/15/content _5732146. htm.

［188］周杰，李文敬. 基于云计算的物流区块链共识算法研究［J］. 计算机工程与应用，2018，54（19）：237 –242.

［189］周青超，叶春明，耿秀丽. 基于 IT2F – BWM – MABAC方法的应急物流设施选址方案评价［J］. 中国安全科学学报，2024，34（04）：226 –231.

外文部分

［1］Abdel – Basset M，Manogaran G，Mohamed M. Internet of Things（IoT）and its impact on supply chain：A framework for building smart，secure and efficient systems［J］. Future Generation Computer Systems，2018，86：614 –628.

［2］Aikens C H. Facility location models for distribution planning［J］. European Journal of Operational Research，1985，22（3）：

263 – 279.

[3] Asghari P, Rahmani A M, Javadi H H S. Internet of things applications: A systematic review [J]. Computer Networks, 2018, 148: 241 – 261.

[4] Baharmand H, Comes T, Lauras M. Bi-objective multi-layer location-allocation model for the immediate aftermath of sudden-onset disasters [J]. Transportation Research Part E: Logistics and Transportation Review, 2019, 127: 86 – 110.

[5] Barenji A V, Wang W M, Li Z, et al. Intelligent E – commerce logistics platform using hybrid agent based approach [J]. Transportation Research Part E, 2019, 126: 15 – 31.

[6] Bastas A, Liyanage K. Sustainable supply chain quality management: A systematic review [J]. Journal of Cleaner Production, 2018, 181: 726 – 744.

[7] Chamoso P, González – Briones A, Prieta F D L, et al. Smart city as a distributed platform: Toward a system for citizen-oriented management [J]. Computer Communications, 2020, 152: 323 – 332.

[8] Chen Z, Ming X, Zhou T, et al. Sustainable supplier selection for smart supply chain considering internal and external uncertainty: An integrated rough-fuzzy approach [J]. Applied Soft Computing, 2020, 87: 106004.

[9] Christopher M, Peck H. Building the resilient supply chain [J]. International Journal of Logistics Management, 2004, 15 (2): 1–13.

[10] Diehlmann F, Lüttenberq M, Verdonck L, et al. Public-private collaborations in emergency logistics: A framework based on logistical and game-theoretical concepts [J]. Safety Science, 2021, 141: 105301.

[11] Drljevic N, Aranda D A, Stantchev V. Perspectives on risks and standards that affect the requirements engineering of blockchain technology [J]. Computer Standards & Interfaces, 2020, 69: 103409–103409.

[12] Fernando L, Michael B. An efficient optimization framework for tracking multiple quality attributes in supply chains of perishable products [J]. European Journal of Operational Research, 2022, 297 (3): 890–903.

[13] Ghadimi P, Wang C, Lim M K, et al. Intelligent sustainable supplier selection using multi-agent technology: Theory and application for industry 4. 0 supply chains [J]. Computers & Industrial Engineering, 2018, 127: 588–600.

[14] Israilidis J, Odusanya K, Mazhar M U. Exploring knowledge management perspectives in smart city research: A review and future research agenda [J]. International Journal of Information Manage-

ment, 2019: 101989 – 101989.

[15] Issaoui Y, Khiat A, Bahnasse A, et al. Smart logistics: Study of the application of blockchain technology [J]. Procedia Computer Science, 2019, 160: 266 – 271.

[16] Ivanov D, Dolgui A, Sokolov B, et al. A dynamic model and an algorithm for short-term supply chain scheduling in the smart factory industry 4. 0 [J]. International Journal of Production Research, 2016, 54 (2): 386 – 402.

[17] Jabbar S, Khan M, Silva B N, et al. A REST – based industrial web of things' framework for smart warehousing [J]. The Journal of Supercomputing, 2018, 74 (9): 4419 – 4433.

[18] Jabeur N, Al – Belushi T, Mbarki M, et al. Toward leveraging smart logistics collaboration with a multi-agent system based solution [J]. Procedia Computer Science, 2017, 109: 672 – 679.

[19] Jiang P, Wang Y, Liu C, et al. Evaluating critical factors influencing the reliability of emergency logistics systems using multiple – Attribute decision making [J]. Symmetry, 2020, 12 (7).

[20] Jijun X. An intelligent logistics tracking system based on wireless sensor network [J]. International Journal of Online Engineering (iJOE), 2018, 14 (1): 17 – 28.

[21] Jr. W L W, Streib G. Collaboration and leadership for effective emergency management [J]. Public Administration Review,

2006，66（1）：131 – 140.

［22］Kauf S. Smart logistics as a basis for the development of the smart city ［J］. Transportation Research Procedia，2019，39（1）：143 – 149.

［23］Kemball – Cook D，Stephenson R. Lesson in logistics from Somalia ［J］. Disaster，1984，8（1）：57 – 66.

［24］Kirch M，Poenicke O，Richter K. RFID in logistics and production – Applications，research and visions for smart logistics zones ［J］. Procedia Engineering，2017，178：526 – 533.

［25］Kline P. A Hand book of Pest Construction ［M］. London：Metheun，1986.

［26］Kuei C – h，Madu C N，Lin C. Implementing supply chain quality management ［J］. Total Quality Management & Business Excellence，2008，19：1127 – 1141.

［27］Kumar A，Krishnan P. Performance analysis of RoFSO links with spatial diversity over combined channel model for 5G in smart city applications ［J］. Optics Communications，2020，466（2）：125600.

［28］Lee C K M，Lv Y，Ng K K H，et al. Design and application of internet of things-based warehouse management system for smart logistics ［J］. International Journal of Production Research，2018，56（8）：2753 – 2768.

[29] Liu H, Sun R, Zhao G. A method of logistics information security based on blockchain technology [J]. Atlantis Highlights in Engineering, 2018, 3: 200 – 204.

[30] Lumineau F, Wang W, Schilke O. Blockchain governance—A new way of organizing collaborations? [J]. Organization Science, 2020, 32 (2): 500 – 521.

[31] May P J. FEMA's role in emergency management: examining recent experience [J]. Public Administration Review, 1985, 45: 40.

[32] National Gvernor's Association Center for Policy Research. Comprehensive emergency management: A governor's guide. In. Washington [R]. D. C. , May, 1979.

[33] Nowicka K. Smart city logistics on cloud computing model [J]. Procedia – Social and Behavioral Sciences, 2014, 151: 266 – 281.

[34] Nunnally J C. Psychometric Theory [M]. New York: Mc Gralo – Hill, 1978.

[35] Oh A – S. Development of a smart supply-chain management solution based on logistics standards utilizing artificial intelligence and the internet of things [J]. Journal of Information and Communication Convergence Engineering, 2019, 17 (3): 198 – 204.

[36] Oh J, Jeong B. Tactical supply planning in smart manufac-

turing supply chain [J]. Robotics and Computer – Integrated Manufacturing, 2019, 55: 217 – 233.

[37] Pan X, Li M, Wang M, et al. The effects of a smart logistics policy on carbon emissions in china: A difference-in-differences analysis [J]. Transportation Research Part E: Logistics and Transportation Review, 2020, 137: 101939.

[38] Pasi B N, Mahajan D S K, Rane D S B. Smart supply chain management: A perspective of industry 4. 0 [J]. International Journal of Advanced Science and Technology, 2020, 29 (5): 3016 – 3030.

[39] Praharaj S, Han H. Cutting through the clutter of smart city definitions: A reading into the smart city perceptions in India [J]. City Culture and Society, 2019, 18: 100289.

[40] Qi C, Hu L. Optimization of vehicle routing problem for emergency cold chain logistics based on minimum loss [J]. Physical Communication, 2020, 40: 101085 – 101085.

[41] Rafele C. Logistic service measurement: A reference framework [J]. Journal of Manufacturing Technology Management, 2004, 15 (3): 280 – 290.

[42] Sanders N R. How to use big data to drive your supply chain [J]. California Management Review, 2016, 58 (3): 26 – 48.

[43] Shee H, Miah S J, Fairfield L, et al. The impact of cloud-

enabled process integration on supply chain performance and firm sustainability: the moderating role of top management [J]. Supply Chain Management: An International Journal, 2018, 23 (6): 500 – 517.

[44] Sheu J – B, Chou Y – H, Hu C – C. An integrated logistics operational model for green-supply chain management [J]. Transportation Research Part E: Logistics and Transportation Review, 2005, 41 (4): 287 – 313.

[45] Simukayi M, Shawn S, Richard H. Understanding artificial intelligence based radiology studies: What is overfitting? [J]. Clinical Imaging, 2020, 65: 96 – 99.

[46] Stanley L L, Wisner J D. Service quality along the supply chain: Implications for purchasing [J]. Journal of Operations Management, 2001, 19 (3): 287 – 306.

[47] Stoel M D, Muhanna W A. IT capabilities and firm performance: A contingency analysis of the role of industry and IT capability type [J]. Information & Management, 2008, 46 (3): 181 – 189.

[48] Sun J. Research on collaborative construction of emergency logistics support system and blockchain [C]. 2021 International Conference on Computer, Blockchain and Financial Development (CBFD). Nanjing, China, 2021: 482 – 487.

[49] Tang C S, Veelenturf L P. The strategic role of logistics in

the industry 4. 0 era ［J］. Transportation Research Part E, 2019, 129: 1 – 11.

［50］ Wang C N, Thi Pham T – D T, Nhieu N – L, et al. Smart technology prioritization for sustainable manufacturing in emergency situation by integrated spherical fuzzy bounded rationality decision-making approach ［J］. Processes, 2022, 10: 2732.

［51］ Wang H, Fan C, Kun B. Decision optimization of emergency material support based on blockchain under major public health emergencies ［J］. Scientific Reports, 2022, 12 (1): 9160 – 9160.

［52］ Wang J, Lim M K, Zhan Y, et al. An intelligent logistics service system for enhancing dispatching operations in an IoT environment ［J］. Transportation Research Part E: Logistics and Transportation Review, 2020, 135: 101886 – 101886.

［53］ Wang Q, Luo R. The mechanism and empirical study of intelligent logistics technology improving the efficiency of logistics industry—Taking the "core area" of the silk road economic belt as example ［J］. Procedia CIRP, 2019, 83: 285 – 291.

［54］ Wang Y, Wang J. Integrated reconfiguration of both supply and demand for evacuation planning ［J］. Transportation Research Part E, 2019, 130: 82 – 94.

［55］ Wijewickrama M, Chileshe N, Rameezdeen R, et al. Quality assurance in reverse logistics supply chain of demolition waste:

A systematic literature review [J]. Waste Management & Research, 2021, 39 (1): 3 – 24.

[56] Witkowski K. Internet of things, big data, industry 4. 0 – innovative solutions in logistics and supply chains management [J]. Procedia Engineering, 2017, 182: 763 – 769.

[57] Wu C K, Tsang K F, Liu Y, et al. Supply chain of things: A connected solution to enhance supply chain productivity [J]. IEEE Communications Magazine, 2019, 57 (8): 78 – 83.

[58] Wu J, Wang Y. Distribution of the emergency supplies in the COVID – 19 pandemic: A cloud computing based approach [J]. Mathematical Problems in Engineering, Volume 2021, Artical ID 5972748, 18 Pages.

[59] Xie Y, Qiao R, Shao G, et al. Research on Chinese social media users' communication behaviors during public emergency events [J]. Telematics and Informatics, 2017, 34 (3): 740 – 754.

[60] Xing J. An Intelligent logistics Tracking System Based on Wireless Sensor Network [J]. International Journal of Online Engineering, 2018, 14 (1): 17 – 28.

[61] Xu Z, Liao H. Intuitionistic fuzzy analytic hierarchy process [J]. IEEE Transactions on Fuzzy Systems, 2014, 22 (4): 749 – 761.

[62] Zhang L. Construction of emergency logistics and material

support system based on blockchain application ［C］. 5th International Conference on Traffic Engineering and Transportation System （ICTETS 2021）. SPIE, 2021: 194 – 199.

［63］ Zhou X, Shi Y, Deng X, et al. D – DEMATEL: A new method to identify critical success factors in emergency management ［J］. Safety Science, 2017, 91: 93 – 104.

［64］ Zhou Y, Xu X. Intelligent supply chain information system based on internet of things technology under asymmetric information ［J］. Symmetry, 2019, 11 （5）: 656.